JARDINAGE

ET

ÉCONOMIE DOMESTIQUE

SAINT-DENIS. — IMP. BOUILLANT, 20, RUE DE PARIS.

JARDINAGE

ET

ÉCONOMIE DOMESTIQUE

LECTURES A L'USAGE DES ÉCOLES DE JEUNES FILLES

OUVRAGE CONFORME AUX PROGRAMMES OFFICIELS

COURS ÉLÉMENTAIRE

PAR

A. BAROT

Professeur au Lycée Louis-le-Grand
Officier d'Académie
Lauréat du Ministère de l'Agriculture

PARIS

LIBRAIRIE CLASSIQUE A. JEANDÉ

16, RUE CASSETTE

1891

A Monsieur Jᴇᴀɴᴅᴇ́, Libraire-Éditeur, Paris.

Monsieur,

Le livre de M. A. Barot, que vous m'avez soumis pour avis, me paraît excellent dans le fond et dans la forme; il comble une lacune qui se trouve dans la plupart des ouvrages élémentaires d'Agriculture, en indiquant le rôle de la maîtresse de maison.

Je vois également avec plaisir, par le plan du deuxième volume destiné aux cours moyen et supérieur, que M. Barot y traite encore plus en détail que dans le cours élémentaire le rôle de la maîtresse de maison.

C'est la femme en effet qui est l'arbitre de la consommation intérieure, qui peut la rendre économique ou ruineuse, qui prend soin du bétail, des animaux de la basse-cour, de la laiterie, qui en fait valoir les produits et en augmente les revenus. M. Barot a bien fait d'insister sur ce point.

En outre, le plan de son ouvrage me semble très bien conçu: il passe successivement en revue le jardin, le sol, les semis, les cultures potagères et maraîchères, la vigne, les fruits, et termine par les comptes de la maîtresse de maison et le calendrier du jardinage.

Il n'est pas de mère de famille qui ne puisse trouver

dans ce livre d'excellents conseils, et nos Institutrices voudront certainement faire profiter leurs élèves des leçons si simples, si pratiques, disposées avec beaucoup d'ordre et de méthode par M. Barot.

Je ne puis que féliciter l'auteur et faire des vœux pour que son ouvrage se répande dans toutes nos communes de France.

Agréez, etc.

L'Inspecteur de l'Enseignement primaire
de la Seine,
Officier de l'Instruction publique.

J. HUGUET

Paris, 10 Avril 1891.

PRÉFACE

Nos livres d'agriculture présentent une singulière lacune. Leurs auteurs semblent avoir ignoré l'importance de la femme dans les exploitations rurales, ou avoir dédaigné d'en faire mention; et cependant qui peut se méprendre sur la part qui lui revient dans les succès agricoles?

Non seulement c'est ELLE qui est l'arbitre de la consommation intérieure de la ferme, qui peut la rendre économique ou ruineuse, qui prend soin de tout le bétail de la basse-cour, de la laiterie, qui en reçoit et vend les produits, mais encore c'est ELLE qui peut rendre la vie de son mari douce et heureuse, qui le soutient dans ses revers et accroît la joie de sa réussite; c'est ELLE qui, par ses qualités, prévient le mécontement des subordonnés, leur fait supporter leurs peines, les intéresse à leurs travaux. Nous avons vu souvent des fermes en décadence avec un fermier excellent, mais dont la femme était méchante, tracassière, négligente; tandis qu'un fermier médiocre prospérait, quand, par son activité, sa bonne tenue, son adresse, la femme savait inspirer aux gens de la ferme du zèle pour ses intérêts.

Les valets, avant de se louer, s'informent surtout du caractère de la femme de ménage, et si elle a une mauvaise réputation, la ferme ne trouve que les hommes de rebut qui ne peuvent se placer ailleurs.

> On dit qu'en toute saison,
> La femme fait ou défait la maison.

Nous ferions volontiers subir une variation à un proverbe connu : « *Tant vaut l'homme, tant vaut la terre,* » et nous dirions : *Tant vaut la femme, tant vaut la terre.* Mais il est mieux de dire : *Tant vaut la femme, tant vaut la maison.*

Les riches fermiers ne savent pas tout le tort qu'ils font à leurs filles en leur donnant une éducation qui les éloigne des devoirs et des goûts de leur état.

La meilleure éducation des femmes de la campagne est celle qu'elles reçoivent au foyer domestique. Les saines traditions de famille s'y conservent; les bonnes mœurs ne s'y séparent jamais de l'instruction proprement dite.

La jeune fille est placée dans le monde réel, où se déroulent sous ses yeux les événements de la vie pratique dans toute sa simplicité; elle y apprend, par l'exemple de sa mère, à gouverner sa maison, à diriger son ménage.

Les leçons maternelles et les lectures choisies forment en même temps son esprit et sa raison.

(D'après De Gasparin).

JARDINAGE ET ÉCONOMIE DOMESTIQUE

RÔLE D'UNE MAÎTRESSE DE MAISON

> Améliorer l'agriculture, c'est une gloire qui vaut toutes les autres.
> (Maréchal BUGEAUD.)

> Nos neveux s'étonneront un jour que, dans un pays comme la France, où tout vit de la terre, on n'ait pas commencé par enseigner aux enfants, après les remerciements au Créateur, l'art de cultiver les champs et d'y vivre heureux.
> (BLANQUI, de l'Institut.)

1. — Une *maîtresse de maison* a des devoirs nombreux et variés à remplir : elle se doit aux membres de sa famille et à ses serviteurs, à son ménage, aux animaux domestiques, etc.

Quand il s'agit d'une *ferme*, la maîtresse de maison prend le nom de *fermière*, et c'est ainsi que nous l'entendrons ici le plus souvent, que la propriété appartienne ou non à ceux qui la cultivent.

Une *ferme* est une étendue de terre avec des bâtiments : elle comprend donc deux parties distinctes; mais on donne encore ce nom aux bâtiments seuls.

Oui, mes petites amies, la femme a de nombreux devoirs à remplir à l'intérieur de la ferme : elle est chargée de préparer la nourriture de tous ceux qui l'entourent, et de leur donner les soins qu'ils réclament en temps de maladie; elle est chargée de l'entretien de la maison et de ses dépendances, et doit tenir le tout dans un parfait état de propreté.

Elle fait le ménage, entretient son mobilier et sa batterie de cuisine; elle prend soin du linge, en surveille le blanchissage et le raccommodage, si elle ne peut faire le travail elle-même.

Elle veille aux approvisionnements de toutes sortes, nécessaires à toute la famille.

Elle s'occupe de la basse-cour, de la bergerie, de la porcherie, de la vacherie, de la laiterie.

Elle apprend à connaître les maladies des animaux domestiques, et à soigner ces serviteurs de l'homme.

Vous voyez combien de qualités doit posséder une *bonne maîtresse de maison.*

> « *On dit bien vrai, qu'en chacune saison,*
> « *La femme fait ou défait la maison.* »
>
> OLIVIER DE SERRES.

Une bonne maîtresse de maison se lève de bonne heure et distribue bien son temps; elle tient une *comptabilité*, c'est-à-dire qu'elle inscrit ses *recettes* et ses *dépenses* de chaque jour.

L'ensemble des travaux et des soins journaliers qui entrent dans les attributions d'une ménagère de la campagne, constitue ce que l'on appelle l'*économie domestique rurale.*

Parmi les occupations multiples de la fermière, se trouvent aussi les soins du *Jardin.*

Mathieu de Dombasle, un ami de l'Agriculture, mort en 1843, a dit :

« Je ne connais qu'un moyen pour la culture économique d'un jardin dans une ferme : c'est que la *Fermière* en prenne elle-même la direction.

« Personne ne connaît mieux qu'elle les besoins du ménage en légumes divers et pour chaque saison de l'année, en sorte que personne n'est plus à portée qu'elle de diriger les cultures de manière à assurer un approvisionnement constant.

« Aussi, si l'on rencontre une ferme qui se fait distinguer par un jardin potager plus étendu et plus soigné que les autres, que l'on prenne des informations, et l'on reconnaîtra toujours que c'est la ménagère qui dirige la culture. »

En effet, les soins du *Jardin* et de la *Basse-cour* sont assurément les occupations d'une bonne ménagère en dehors de ses occupations ordinaires et journalières à l'intérieur de la maison.

Les soins du jardin et de la basse-cour sont l'*Agriculture* et l'*Horticulture des jeunes filles*.

L'*Agriculture*, du latin *ager*, *agri*, qui veut dire terre, champ, et *cultura*, culture, est l'art de cultiver la terre, les champs.

Les hommes qui cultivent les champs font de l'*Agriculture*, et s'appellent *agriculteurs* ou cultivateurs.

L'*Horticulture*, du latin *hortus*, *horti*, jardin, est l'art de cultiver les jardins.

On nomme *horticulteurs*, les hommes qui s'occupent de la culture du jardin, culture qui entre si bien dans les attributions de la fermière.

La Fermière

2. — Amour à la fermière ! elle est
    Si gentille et si douce !
C'est l'oiseau des bois qui se plaît
    Loin du bruit dans la mousse ;
Vieux vagabond qui tends la main,
    Enfant pauvre et sans mère,
Puissiez-vous trouver en chemin
    La ferme et la fermière !

De l'escabeau vide au foyer
  Là le pauvre s'empare,
Et le grand bahut de noyer
  Pour lui n'est point avare ;
C'est là qu'un jour je vins m'asseoir,
  Les pieds blancs de poussière ;
Un jour..., puis en marche ! et bonsoir
  La ferme et la fermière !

Mon seul beau jour a dû finir,
  Finir dès son aurore ;
Mais pour moi ce doux souvenir
  Est du bonheur encore ;
En fermant les yeux, je revois
  L'enclos plein de lumière,
La haie en fleur, le petit bois,
  La ferme et la fermière !

Si Dieu, comme notre curé
  Au prône le répète,
Paye un bienfait (même égaré),
  Ah ! qu'il songe à ma dette,
Qu'il prodigue au vallon les fleurs,
  La joie à la chaumière,
Et garde des vents et des pleurs
  La ferme et la fermière !

Chaque hiver, qu'un groupe d'enfants
  A son fuseau sourie,
Comme les anges aux fils blancs
  De la Vierge Marie ;
Que tous, par la main, pas à pas,
  Guidant un petit frère,
Réjouissent de leurs ébats
  La ferme et la fermière !

ENVOI

Ma chansonnette, prends ton vol !
      Tu n'es qu'un faible hommage ;
Mais qu'en avril le rossignol
      Chante, et la dédommage ;
Qu'effrayé par ses chants d'amour,
      L'oiseau du cimetière,
Longtemps, longtemps se taise pour
      La ferme et la fermière !

Hégésippe MOREAU

Le Jardin

Assurez à un homme la propriété
d'un rocher nu, il en fera un jardin.
(Arthur YOUNG.)

3. — Le *Jardin* est un terrain dans lequel on cultive les *légumes* ou *plantes potagères*, comme les choux, les carottes, les navets, les salades, les oignons, le céleri, puis les arbres à fruits, comme les pommiers, les poiriers, les pruniers, enfin, des fleurs pour l'embellissement de l'ensemble.

C'est du moins ce qui existe dans les campagnes, où l'on cultive toutes ces plantes dans le même terrain ; mais on peut établir une division dans ce que, d'une manière générale, nous appelons *Jardin*.

Voici les noms que l'on donne aux différents enclos désignés sous le nom commun de *Jardins* : le *potager* ou *jardin légumier*, dans lequel on cultive les *plantes potagères* ou *légumes* ; le *jardin fruitier*, où se trouvent les *arbres fruitiers* que l'on taille tous les ans ; le *verger*, où sont les *arbres en plein vent* que l'on ne taille pas, et le *jardin d'agrément*, où l'on met des fleurs.

L'enclos qui renferme à la fois les arbres fruitiers, les légumes et les fleurs, s'appelle un *jardin mixte*.

Ce que l'on cherche surtout à la campagne, c'est d'avoir des légumes et des fruits.

On s'occupe très peu des *plantes d'agrément* qui ne rapportent rien ou presque rien, excepté dans le voisinage des grandes villes où les fleurs se vendent facilement.

Peu de familles possèdent un jardin dans les villes importantes.

A la campagne, la ménagère peut, sans beaucoup diminuer ses ressources, se réserver un coin du jardin pour y cultiver certaines fleurs qui lui procureront le plaisir de contempler quelques beautés de la nature, que, sans cela, elle ne pourrait contempler.

« *L'ordonnance* de Caton, dit Olivier de Serres, *est d'enrichir le jardin potager par fleurs, afin de joindre le plaisir au profit, selon le commun désir : tenant pour maigre et défectueux le potager, auquel défaut l'ornement qui procède des belles et florissantes plantes.* »

Nous parlerons successivement du *potager*, du *verger*, du *jardin fruitier* et du *jardin d'ornement ou d'agrément*, mais avant tout, nous compléterons ce que nous avons dit il y a un instant.

L'horticulture comprend plusieurs parties. La culture des arbres se nomme *arboriculture*, du latin *arbor*, *arboris*, arbre, et *cultura*, culture, et l'homme qui s'y livre est un *arboriculteur*. La culture des fleurs s'appelle *floriculture*, du latin *flos*, *floris*, fleur, et *cultura*, et celui qui la pratique prend le nom de *jardinier-fleuriste*. On pourrait même l'appeler un *floriculteur*.

Enfin, le nom de *jardinier* s'applique en général à tous ceux qui s'occupent particulièrement de la culture du jardin, c'est-à-dire d'*horticulture* et de *jardinage*.

Le *jardinage*, a dit Dombasle, est la principale ressource des campagnes ; et bien avant lui, Olivier de Serres, qui vécut de 1539 à 1619, avait dit : « *Ce sont les jardinages qui fournissent l'ornement utile de nostre*

Fig. 1. — Vue d'un Marais.

mesnage, innumérables espèces de racines, d'herbes, de fleurs, de fruits, avec beaucoup de merveilles. »

La culture en grand des *plantes potagères* ou *légumes* se nomme encore *culture maraîchère*, parce qu'elle est souvent pratiquée dans des *marais* plus ou moins complètement desséchés.

On appelle *marais* (fig. 1) un terrain non cultivé,

en partie couvert d'eau qui ne peut s'écouler ou qui ne s'écoule que difficilement.

Aujourd'hui on donne encore ce nom à un terrain bas dans lequel on cultive des légumes : c'est ce qu'on appelle *jardin maraîcher*.

Aussi nomme-t-on *maraîchers* les jardiniers qui s'occupent de la culture des légumes.

Les conseils d'un jardin

4. — Lisons à présent la poésie suivante, que nous pouvons intituler le *Jardin* :

Petit terrain, qui sait fournir
De doux fruits mon petit ménage,
Où ma laitue aime à venir,
Où mon chou croît pour mon potage,
Je viens tout bas t'entretenir ;
Réponds-moi, j'entends ton langage.
Si je voyageais ? — Et pourquoi ?
Es-tu las d'être bien chez toi ?
— Je voudrais vivre avec les hommes.
— Avec eux : ce sont presque tous
Des méchants, des sots et des fous,
Surtout dans le siècle où nous sommes.
— De leur plaire je prendrai soin,
J'en aimerai quelqu'un peut-être,
Notre esprit se plaît à connaître :
Plus instruit, je verrai plus loin.
— Que dis-tu là, mon pauvre maître ?
Crois-moi, trop penser ne vaut rien ;
Trop sentir est bien pire encore.
Déjà ma pêche se colore,
Mes melons te feront du bien.
— Il me faudra donc au village,
Vieillir sans nom sous mon treillage ?
Je pourrai voir tout à loisir

Les lézards aller et venir
Sur les murs de mon ermitage?
— Est-ce un malheur? Va, plus d'un sage,
Dans les soupirs, dans les dégoûts,
Du bonheur, sur des flots jaloux,
Poursuivant la trompeuse image,
S'est écrié dans son naufrage:
Ah! si j'avais planté mes choux!!!

Fig. 2. — Vue d'un Village.

Et vous aussi, mes petites amies, s'il vous vient à
l'esprit de quitter votre village (fig. 2), votre jardin, la
chaumière de vos bons parents, pour vous rendre dans
les grandes villes (fig. 3) qui, aujourd'hui, attirent tant
de jeunes villageoises, consultez le petit terrain qui
ntoure votre maisonnette, il vous dira sûrement: Reste

ici, ma maîtresse, tu pourras y vivre en paix. Ton plus grand bonheur sera de *planter tes choux*.

Oui, enfants, tous les plaisirs de la ville ne valent pas les charmes de la campagne.

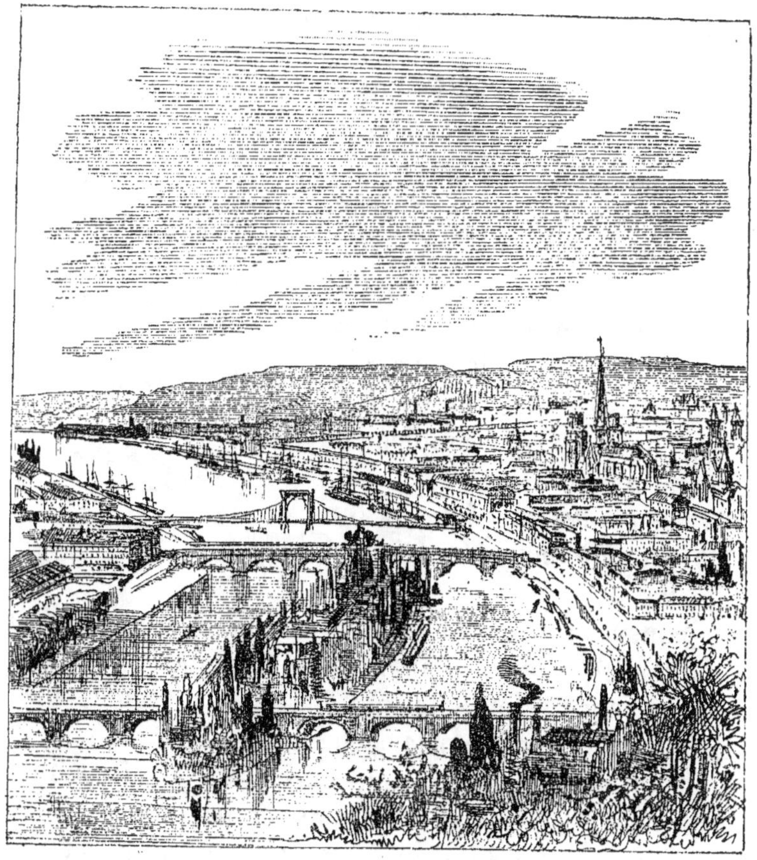

FIG. 3. — Vue d'une Ville.

Par la voix des Muses romaines,
La Sagesse nous avertit
D'admirer les vastes domaines
Et d'en cultiver un petit.

(VIRGILE, *Géorgiques*.)

CHOIX DE L'EMPLACEMENT D'UN JARDIN

Un jardin doit être bien exposé au soleil

5. — Presque toujours, on trouve son jardin établi ; il n'y a plus qu'à l'entretenir ; mais lorsqu'on veut en établir un, il faut choisir un emplacement convenable.

Des pommes de terre qui *poussent* dans une cave ou dans tout autre lieu sombre, donnent des fanes très longues ; mais ces fanes sont grêles et *blanchâtres* (fig. 4). Que manque-t-il donc à ces pommes de terre pour émettre des branches vertes et robustes comme le font celles qui croissent dans les jardins ou dans les champs ? Tout simplement de la lumière.

Les plantes ont donc besoin de lumière pour devenir robustes.

Fig. 4. — Pomme de terre ayant germé à l'obscurité.

Sous les arbres, à l'ombre, les plantes viennent plus hautes qu'ailleurs, mais plus grêles. Elles ne trouvent pas là tout ce dont elles ont besoin. La lumière bienfaisante du soleil leur fait défaut.

Il faut donc choisir, pour établir un jardin, un terrain bien exposé au soleil, éviter par conséquent le voisinage des arbres ou des bâtiments élevés, et préférer à toute autre exposition celle du midi.

Le soleil n'est pas seulement bienfaisant par sa lumière ; il l'est encore par sa chaleur.

Influence de la lumière sur la végétation

6. — La lumière nous vient du soleil. De même

que la chaleur, elle se répartit inégalement suivant les heures du jour, les saisons et les pays.

La lumière a une très grande influence sur tous les corps vivants, animaux et végétaux. Elle donne aux plantes cette couleur verte qui fait la beauté du paysage, de la force aux végétaux, et fait mûrir les fruits.

Elle donne de la solidité aux bois qui nous sont d'un usage journalier; elle fait naître dans certaines parties des végétaux, comme les fruits, les racines, la tige même, une grande quantité de *principes* qui sont une précieuse ressource pour l'homme.

En tête de ces matières précieuses, se placent les huiles, le sucre et l'alcool, les résines, la fécule ou amidon, les matières colorantes et bien d'autres encore.

Les végétaux privés de lumière perdent en général une partie de leur valeur. Ils sont dans un état de souffrance que l'on nomme *étiolement*. Ils sont moins colorés, moins fermes.

Il est cependant des cas où nous cherchons à obtenir cet état maladif chez certaines plantes pour les approprier à nos besoins, à nos goûts.

C'est ainsi qu'en *enterrant* les feuilles du céleri, en obligeant les jeunes pousses de l'asperge à traverser une épaisse couche de terre, en liant les salades, nous arrivons à en modifier la saveur, à les rendre moins amères et plus tendres.

Les racines de la carotte et de la betterave, les tubercules de la pomme de terre doivent aussi végéter sous terre, c'est-à-dire privés d'une trop grande lumière pour être nourrissants. Si les pommes de terre croissaient à la surface du sol, elles verdiraient et perdraient toutes les qualités nécessaires à l'alimentation : elles deviendraient même dangereuses. C'est pourquoi il faut butter les pommes de terre dont les tubercules se développent à la surface du sol; c'est pourquoi les pommes de terre, les betteraves et les carottes, veulent être gardées dans un lieu sombre.

Un jardin doit être dans une bonne terre. — Le sol

7. — Un deuxième soin, non moins important que le premier, est de rechercher, pour l'établissement d'un jardin, une bonne terre, capable de produire d'abondantes récoltes.

La couche de terre que l'on remue soit avec la bêche, soit avec d'autres outils, s'appelle *sol,* ou encore *couche arable* ou *végétale.* Celle-ci, étant le milieu dans lequel se développent les racines de la plupart des plantes, des légumes en particulier, doit être assez profonde; sinon les plantes n'y viennent pas bien.

Si elle n'est pas assez profonde, il est bon de *défoncer le terrain.*

Défoncer le terrain, c'est le remuer profondément à l'aide d'outils plus forts que la bêche, comme la pioche par exemple, pour que les racines des plantes puissent s'y enfoncer.

Par le travail, on peut arriver à établir un jardin dans n'importe quel sol. Arthur Young avait bien raison lorsqu'il a dit : « Assurez à un homme la propriété d'un rocher nu, il en fera un jardin. »

En effet, par le travail, on peut modifier la nature d'un sol et obtenir de bonnes récoltes dans un terrain d'abord peu productif.

Le sous-sol

8. — La *couche de terre* non remuée, et située immédiatement au-dessous du *sol,* se nomme *sous-sol.*

On doit aussi avoir égard à la nature de celui-ci. S'il est formé *d'argile* ou *terre grasse,* il est *imperméable,* c'est-à-dire qu'il empêche l'eau de pénétrer plus profondément dans la terre; et l'eau, maintenue autour des racines des plantes, devient nuisible et les fait pourrir.

Au contraire, un *sous-sol perméable* laisse passer l'eau, et alors la pourriture n'est plus à craindre.

Il faut donc rechercher un *sous-sol perméable*.

Un jardin doit être à proximité de l'eau

9. — S'il est possible, il faut établir son jardin à proximité de l'eau, près du puits, de la mare, de la rivière, etc. Encore ne faudrait-il pas qu'il fût trop éloigné de la maison : car on a souvent besoin d'y aller chercher quelque chose, et la ménagère a tant d'occupations !

Ainsi, un jardin doit être bien exposé au soleil, au midi, et établi dans une bonne terre, à proximité de l'eau et de la maison.

DIFFÉRENTES NATURES DE SOLS

10. — Le sol n'est pas partout le même.

Dans certains endroits la terre s'attache facilement aux pieds. C'est une *terre grasse* ou *argileuse*. Elle conserve bien la fraîcheur, ce qui est avantageux pendant les grandes chaleurs de l'été ; mais elle a aussi l'inconvénient de s'échauffer difficilement au printemps, ce qui fait qu'en cette saison les plantes qu'elle porte sont toujours en retard.

Dans d'autres endroits la terre ne prend jamais aux pieds ni à la bêche : c'est une terre *sableuse*. Elle est beaucoup plus facile à cultiver que la terre argileuse. Elle s'échauffe vite au printemps, mais elle se dessèche rapidement en été. Aussi faut-il y faire de fréquents arrosages.

La *terre sableuse* ou *siliceuse* est encore dite légère. Il en est de même de la *terre calcaire*. Certaines plantes s'accommodent de tous les terrains ; mais d'autres exigent, pour prospérer, ou l'*argile*, ou le *sable*, ou le *calcaire*. Un sol qui ne renfermerait qu'un seul de ces trois éléments, serait complètement stérile, c'est-à-dire qu'il ne produirait absolument rien. On reconnaît le calcaire en versant dessus un *acide*, du *vinaigre* par exemple. Il se produit alors un léger *bouillonnement :* c'est ce qu'on appelle *faire effervescence*.

Le même phénomène a lieu quand on met dans du vinaigre, de la craie ou un fragment d'une autre pierre calcaire.

Le meilleur *sol* est celui où ces trois éléments, *argile, calcaire* et *sable*, se rencontrent ensemble dans des proportions convenables. Ce mélange constitue ce que l'on appelle la *terre franche*, la meilleure de toutes.

Un bon sol renferme beaucoup de *terreau*, de cette bonne terre, plus ou moins noire, qui se trouve sous les feuilles dans les bois.

Ainsi, ce serait perdre sa peine et son temps que d'établir un jardin dans une terre calcaire ou sableuse, si l'on n'avait pas d'eau à sa disposition pour arroser en été.

Vous pourriez croire, peut-être, mes petites amies, que ce que je viens de vous dire sur les différentes natures de sols ne vous sera d'aucune utilité ; mais détrompez-vous, si telle était votre pensée, car la connaissance du sol de votre jardin vous permettra d'y cultiver les plantes qui lui conviennent, et de mieux soigner ces plantes en temps utile.

Pour bien soigner un malade, il est indispensable de bien connaître son tempérament et la nature de sa maladie, et pour bien soigner des plantes, il faut aussi savoir quels soins elles réclament et la nature du sol qu'elles exigent.

LE JARDIN DOIT ÊTRE CLOS

> Aime ton voisin, cependant n'abats pas ta haie.
>
> Où la haie est abattue, tout le monde passe.
>
> Pour néant plante qui ne clôt.

11. — Il faut *clore* le jardin, c'est-à-dire l'entourer d'un mur, d'une palissade ou d'une haie. De cette manière les animaux ne peuvent y pénétrer pour en manger les plantes, et les maraudeurs, c'est-à-dire les voleurs de fruits et de légumes, sont aussi arrêtés.

La meilleure *clôture* pour un jardin est un mur ou une *palissade*, car les *haies* ont l'inconvénient de nuire aux plantes cultivées. Pour les empêcher de nuire par leur ombre, on les taille ; on coupe la tête des *buissons*, puis les branches qui poussent sur le côté. De cette manière, la *haie* est ramenée à la forme d'un *mur*. Malgré cela, elle nuit encore par ses racines.

La ménagère aime bien que la haie du jardin soit taillée, car cela lui permet d'y étendre, pour le faire sécher, le linge qu'elle vient de laver. Autrement, les buissons sont trop hauts dès qu'il y a deux ou trois ans qu'ils ont été coupés.

DISPOSITION DU JARDIN

12. — On ne marche pas partout au hasard dans le jardin, mais dans les *allées* que l'on y trace. Les parties du jardin séparées les unes des autres par les allées se nomment *carrés*.

Les *carrés* sont à leur tour divisés en morceaux de terre plus petits, par des allées plus étroites appelées *sentiers*, qui permettent de passer pour arroser ou pour donner d'autres soins aux plantes sans les écraser. Ces divisions des carrés prennent le nom de *planches*.

Ainsi, grâce aux *allées* et aux *sentiers*, on peut facilement circuler dans le jardin pour arroser les plantes cultivées, et pour arracher les mauvaises herbes sans rien *abîmer*.

Les parties de terre voisines des *allées*, et dans lesquelles on met généralement des fleurs, se nomment *plates-bandes*.

Les allées doivent être sablées

13. — Lorsqu'il pleut, la terre s'attache aux chaussures, et l'on marche difficilement dans le jardin ; mais on fait disparaître cet inconvénient, au moins en grande partie sinon entièrement, en mettant une couche de sable dans les allées, où l'on passe le plus souvent.

On remplace quelquefois le sable par du gravier.

Ces précautions sont surtout nécessaires dans les sols argileux.

LABOURS OU BÊCHAGES. — INSTRUMENTS DE JARDINAGE

Si tu bêches mal, tu récolteras pis.

14. — *Creusez, fouillez, bêchez ; ne laissez nulle place*
Où la main ne passe et repasse,

a dit La Fontaine, pour nous indiquer ce que nous devons faire à la terre. Il avait raison, nous devons *creuser, fouiller, bêcher* le sol, et ne laisser « nulle place où la main ne passe et repasse ».

Si l'on voulait bêcher tout un jardin, les *allées* comme les *carrés*, ce ne serait pas partout également facile. Les allées présenteraient quelques difficultés, car on y passe toujours sans presque jamais les labourer. La terre y est beaucoup plus tassée que dans les *carrés*. Ceux-ci sont *labourés* une, deux et même trois fois par année. En un mot, on les *bêche* chaque fois qu'on veut leur confier une nouvelle plante.

Mais lorsqu'il s'agit d'un terrain qui n'a pas été re-

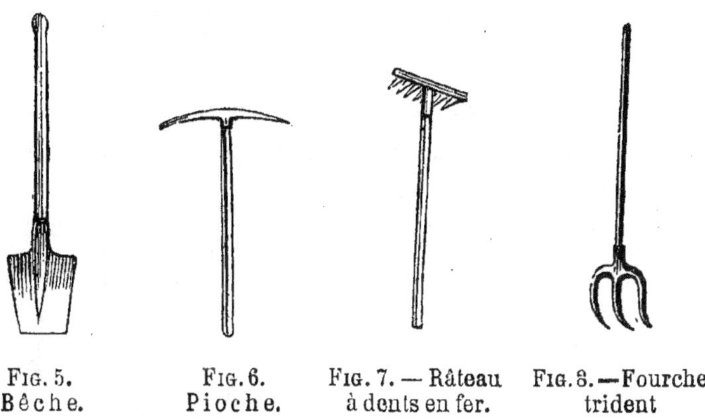

FIG. 5.
Bêche.

FIG. 6.
Pioche.

FIG. 7. — Râteau
à dents en fer.

FIG. 8. —Fourche
trident

mué depuis longtemps, il est bon de le retourner à l'automne pour que les gelées agissent dessus.

Le *bêchement*, bêchage ou *labour* a pour but d'*ameublir* la *couche arable* dans laquelle s'enfoncent les racines des plantes. Grâce à l'*ameublissement*, l'air, indispensable au développement des végétaux, pénètre dans toutes les parties du *sol*.

Pour labourer et travailler le jardin, on se sert de la bêche (fig. 5), et de qelques autres outils dont les principaux sont : la *pioche* (fig. 6), le *hoyau*, le *râteau* (fig. 7), la *binette*, la *ratissoire*, la *fourche* (fig. 8), la *houe à main*, etc.

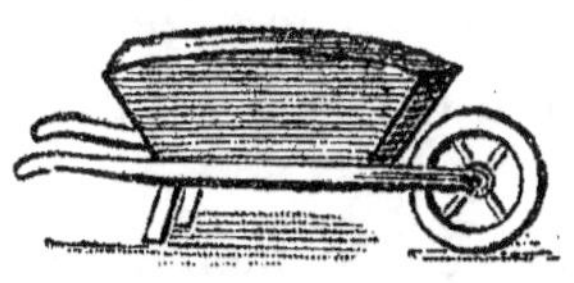

FIG. 9. — Brouette.

Citons aussi la *brouette* (fig. 9) qui sert à transporter bien des choses, et rend ainsi des services continuels dans le jardinage.

Les Plantes du Jardin

LA GRAINE

Qui sème bon grain
Recueille bon pain.

15. — Dans les jardins comme dans les champs, une foule de plantes, les unes *nuisibles*, les autres *utiles*, poussent d'elles-mêmes et sans le secours de l'homme. Mais pour posséder les plantes que l'on désire avoir, il faut les *se-mer*, c'est-à-dire en répandre la *graine* sur le *sol :* c'est ce qu'on appelle *faire le semis.*

La *graine* se trouve dans le *fruit*. Ainsi, les graines du haricot, du pois, sont renfer-mées dans le fruit appelé *gousse* ou *cosse.*

Les graines de choux sont aussi enfermées dans un fruit nommé *silique* (fig. 10, 11, 12.)

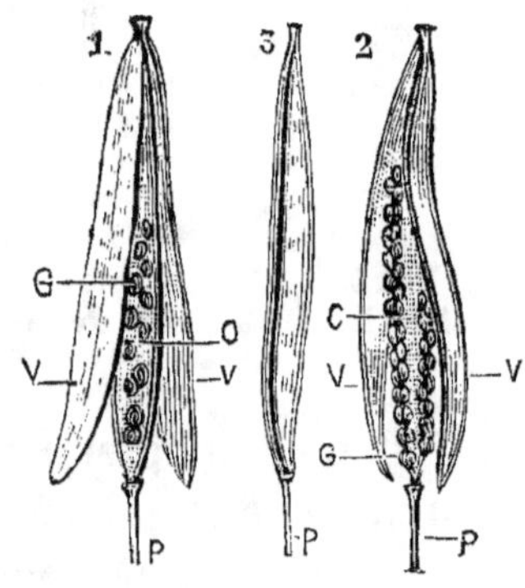

Fig. 10. Fig. 11. Fig. 12.
Siliques de chou.

1 et 2, siliques ouvertes;
3, silique fermée.

Quand vous aidez votre mère, c'est-à-dire quand vous faites la cuisinière, et que vous *écossez* des pois, des fèves, des haricots, vous retirez du fruit les graines qu'il renferme.

Si l'on veut avoir quelques chances de bien réussir dans son *semis*, il faut choisir de la graine de bonne qualité.

Pour être bonne, la graine doit être bien mûre et prise sur des plantes robustes. De plus, elle doit avoir été conservée dans un endroit sec, au grenier, par exemple. On conserve les graines dans des sacs que l'on suspend au plafond du bâtiment (fig. 13) où l'on serre

Fig. 13. — Vue intérieure d'un bâtiment où l'on serre les outils de jardinage, avec des sacs de graines accrochés au plafond.

les outils. Mais il ne faut pas les garder trop longtemps, parce qu'elles ne *germeraient* pas.

Il faut avoir soin d'indiquer sur chaque sac l'espèce de graine qu'il renferme et l'année de la récolte.

On dit qu'une graine *germe* (fig. 14) quand elle donne naissance à une plante ; car, retenez-le bien, chaque graine renferme un végétal semblable à celui qui l'a produite.

Les semis

Semez avec la main, et non avec le sac.

16. — La terre bien préparée avec la bêche ou tout autre instrument de jardinage, on *sème* les graines, on fait les *semis*.

Ceux-ci se font de deux manières : à la *volée* ou en *lignes*.

Pour *semer à la volée*, on répand avec la main, sur tout l'espace préparé, la *graine* ou *semence* que l'on recouvre de terre à l'aide d'un râteau.

Fig. 14. — Pois germé.

Le râteau sert à *ratisser* les allées pour en égaliser

le sable et pour les nettoyer, et aussi à émietter la surface du sol de manière à la rendre meuble, puis à recouvrir les *graines* ou *semences*, comme nous l'avons déjà dit.

Le *semis en lignes* est ainsi appelé, parce qu'on répand la semence en suivant des *lignes* tracées dans la terre.

Voici comment on procède :

Pour tracer des lignes bien droites, on se sert généralement d'une *ficelle* tendue et fixée à ses deux extrémités ; c'est ce qu'on appelle un *cordeau.*

Au moyen de la *binette*, on creuse le long de la *ficelle* un sillon peu profond.

En transportant le *cordeau* de distance en distance, on creuse une suite de *sillons parallèles*, c'est-à-dire qui vont dans la même direction, comme les lignes de vos cahiers.

Les *sillons* achevés, on y dépose la semence que l'on recouvre de terre à l'aide du *râteau* ou de la *binette.*

Fɪɢ. 15 — Plantoir.

Quelquefois, les graines sont déposées dans des trous appelés *poquets.* Ceux-ci peuvent être faits avec le *plantoir* (fig. 15) qui est un morceau de bois pointu à un bout, ou encore avec un autre outil.

Différentes sortes de semis

Sans labeur,
Court bonheur.

17. — Il y a plusieurs sortes de *semis.*

Les *semis* sont dits *sur place* quand les plantes doivent rester au lieu où elles sont nées, comme on le pratique pour les carottes, le chanvre, les haricots et les pois.

Ils sont dits en *pépinière* quand les plantes, arrivées à un certain développement, doivent être transplantées sur un autre espace pour s'y développer encore et mûrir. C'est ainsi que l'on procède en général pour les oignons, les choux, etc.

Les *semis en pépinière* sont encore appelés *semis sur couche* lorsqu'ils sont faits sur une mince couche de terre reposant sur du *fumier* ou des *feuilles sèches*.

La chaleur du *fumier* permet aux graines de *lever* rapidement, c'est-à-dire de *germer* promptement. De plus, on recouvre le tout de châssis vitrés comme nos fenêtres.

La chaleur et la lumière bienfaisantes du soleil pénètrent au travers des carreaux, qui, cependant, protègent les plantes des atteintes du froid.

LA GERMINATION

Bêche, fume, sème, arrose, sarcle ton jardin, et demande ta récolte par tes prières, comme si elle devait tomber du ciel.

18. — Mises en terre, les graines n'ont plus qu'à *germer*, c'est-à-dire à développer la toute petite plante qu'elles renferment.

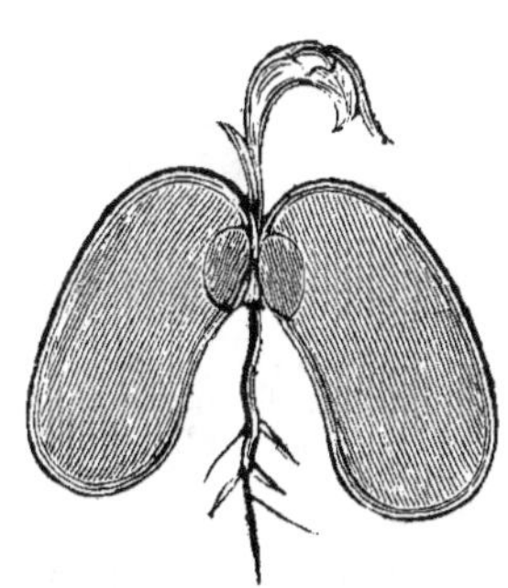

Fig. 16. — Graine de haricot ayant germé et développé sa plantule.

Cette petite plante, en grandissant, perce l'enveloppe de la graine, qui la retenait prisonnière, et la germination est achevée.

Pour cela, la graine doit être placée dans un milieu favorable, car elle réclame pour accomplir cet acte, trois agents indispensables: l'*eau*, l'*air* et la *chaleur*, qu'elle trouve dans la terre.

Pour voir cette petite plante renfermée dans une graine, il suffit d'ouvrir une *fève* ou un *haricot* (fig. 16).

Quand ceux-ci sont restés un jour ou deux sur de la mousse humide, le germe devient plus visible (fig. 17).

Les deux moitiés de la fève ou du haricot se nomment *cotylédons*, ce sont les deux premières feuilles de la plante, chargées de nourrir celle-ci jusqu'à ce que les racines soient assez développées pour puiser dans le sol la nourriture indispensable au végétal.

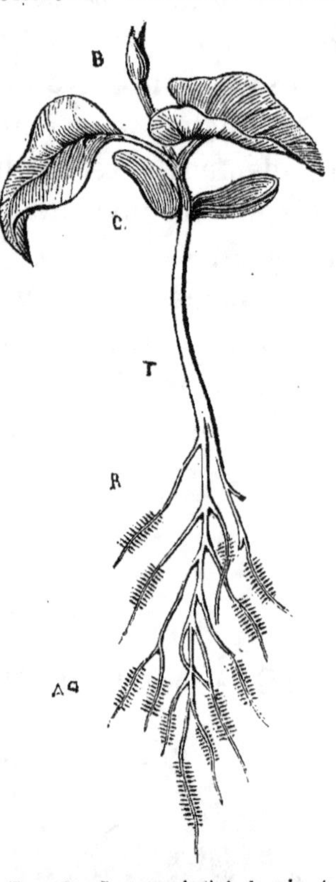

FIG. 17. — Verre rempli de mousse humide sur laquelle ont germé deux haricots FH, et un pois P.

FIG. 18. — Jeune pied de haricot : B, bourgeon ; C, cotylédons déjà fanés ; T, tige ; R, racine ; AP, poils absorbants.

La racine pompe dans le sol les sucs nourriciers : elle le fait au moyen de poils qui se développent près de son extrémité, et qu'on appelle poils absorbants (fig. 18).

Dans le blé, le maïs et quantité d'autres plantes, il n'y a qu'un cotylédon.

ARROSAGE

> L'eau désaltère non seulement les hommes, mais encore les campagnes arides.
>
> FÉNELON.

> Sans un peu de travail, on n'a point de plaisir.

19. — Pour vivre, les plantes ont besoin d'eau, de fraîcheur, qu'elles trouvent dans le sol une grande partie de l'année, principalement dans les *terres argileuses*, mais il n'en est plus ainsi quand la sécheresse dure un certain temps. Il faut alors les *arroser*; ce que l'on fait généralement avec un *arrosoir* (fig. 19), vase en fer blanc ou en zinc, dont le tuyau est muni d'une *pomme* percée d'une infinité de petits trous qui obligent l'eau à se diviser en autant de filets.

FIG. 19. — Arrosoir muni de sa pomme.

Cette disposition fait que l'eau tombe également sur toute la face du sol et sur les plantes.

On enlève quelquefois la *pomme* de l'*arrosoir*, surtout lorsqu'on veut donner de l'eau seulement au pied de la plante. Mais il faut bien se garder d'agir ainsi pour les *semis*, que l'eau abîmerait par son propre poids en tombant en *masse*.

Il est même bon de répandre, sur certains *semis*, un peu de *fumier pailleux* pour empêcher qu'il ne se forme une croûte à la surface du sol.

On se sert parfois d'une pompe pour arroser des plantes un peu élevées, principalement les feuilles et les fleurs.

L'eau que l'on donne ainsi aux plantes ne doit pas être trop froide. Si elle provient d'une mare, on peut l'employer tout de suite ; mais celle des fontaines et des puits, est généralement trop froide pour être répandue sur les plantes. Il faut la laisser séjourner dans des bassins où elle s'échauffe un peu.

Le bassin peut être un tonneau en partie *enterré*, et ouvert ou défoncé par en haut.

Ne craignez pas d'arroser, en été, pendant les grandes

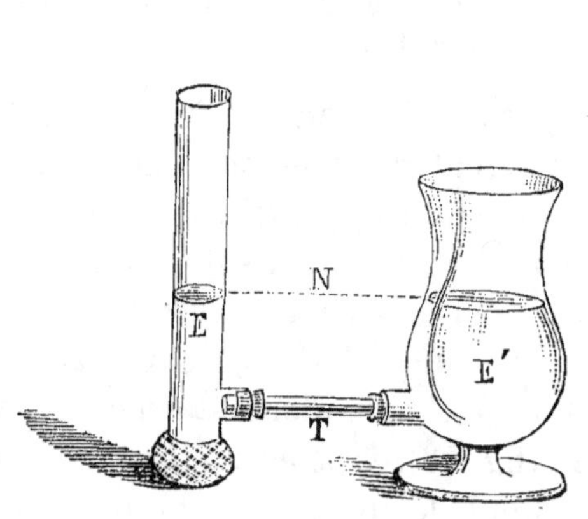

FIG. 20. — Figure montrant comment l'eau d'un bassin ou réservoir peut se rendre dans les tonneaux ou les petits bassins disséminés dans le jardin.

FIG. 21. — Principe du jet d'eau et de l'arrosage à l'aide d'un tuyau.

V, bassin ; N, niveau de l'eau ; T, tuyau ouvert en O ; J, eau qui jaillit ; S, support du bassin.

chaleurs ; quelques seaux d'eau répandus de temps en temps sur les légumes, récompensent amplement de la peine que l'on s'est donnée. Il faut arroser de préférence le matin ou le soir, surtout en été.

Dans les jardins bien installés, l'eau d'un bassin situé au niveau du sol, se rend dans les tonneaux placés dans les différentes parties du terrain à arroser. La communication se fait comme l'indique la figure 20.

Ailleurs, le bassin est situé à une certaine hauteur au-dessus du sol, et l'on arrose à l'aide d'un long tuyau en caoutchouc muni d'une *pomme*. Ce mode d'arrosage repose sur le principe indiqué dans la figure 21.

SARCLAGE ET BINAGE

> Une mauvaise herbe tue trois pieds
> de bonnes plantes, et prend la place
> d'un quatrième.
>
> *Travaillez, prenez de la peine,*
> *C'est le fonds qui manque le moins.*

20. — On sème dans le jardin les graines des plantes que l'on désire avoir, et bientôt ces plantes *naissent* et *croissent*; mais malheureusement elles ne sont pas seules à occuper les carrés. Une foule de mauvaises herbes y naissent d'elles-mêmes, et y croissent si bien qu'elles prendraient le dessus et nuiraient au développement des bonnes si on les laissait pousser.

Il faut donc avoir soin de les *arracher*. Arracher les mauvaises herbes, cela s'appelle *sarcler* : c'est le *sarclage*.

Le *sarclage* se fait à la main quand les plantes cultivées sont encore jeunes. Lorsqu'elles sont plus fortes, on peut le pratiquer avec la *binette* ou avec la *serfouette* et la *houe à main*. Tout cela dépend des plantes auxquelles on a affaire et comment celles-ci sont disposées dans les carrés.

Cette opération, pratiquée à l'aide d'un outil, a également pour but d'émietter et d'ameublir de nouveau la surface du sol ; aussi, lui donne-t-on encore le nom de *binage*, mot qui veut dire *seconde façon*.

Fig. 22. — Houe à main.

Ce travail fait à la terre est très utile ; aussi *bine*-t-on quelquefois seulement pour *ameublir* la couche arable, sans qu'il y ait de mauvaises herbes à enlever.

Pour enlever l'herbe des allées, on se sert de plusieurs outils, dont les plus commodes sont la *houe à la main* (fig. 22) et la *ratissoire*.

Sachez, mes petites amies, que le *sarclage* et le *binage* sont aussi de votre ressort. Votre papa et vos frères doivent se charger du bêchage du jardin comme des rudes travaux des champs ; mais vous, vous ne devez pas craindre de vous occuper des autres opérations du jardinage. Un jardin bien entretenu fait honneur à la ménagère.

Sachez aussi que ce n'est pas ce qu'on sème qui rapporte : c'est ce qu'on soigne.

Jacques Bujault, un ami des champs, a dit : « Les mauvaises herbes sont de la famille des mauvais cultivateurs. » On peut aussi dire qu'elles sont de la famille des mauvais jardiniers.

Les engrais

Les engrais sont à la plante ce que la nourriture est à l'homme.

Sans fumier, pas de bonnes terres ;
Avec du fumier, pas de mauvaises
[terres.

21. — Les graines, mises en terre, germent ; les plantes qui en proviennent grandissent.

L'art du jardinage serait très simple, s'il n'y avait qu'à semer des graines sur tous les carrés, à laisser pousser les plantes, à les récolter, et à en semer aussitôt de nouvelles. Mais les choses ne se passent pas tout à fait ainsi.

Qu'arrive-t-il quand on puise à plusieurs reprises dans un seau plein d'eau, si l'on n'y remet pas d'eau ?

Il est bientôt vide ; car le liquide s'épuise. Eh bien ! la même chose se produit dans la terre.

Les plantes y puisent les substances nécessaires et même indispensables à leur vie et à leur accroissement.

C'est de la terre qu'elles tirent leurs racines, leurs feuilles, leurs fleurs et leurs fruits.

Au bout d'un certain temps, le sol se trouve épuisé et incapable de leur fournir la nourriture dont elles ont besoin si l'on n'a pas eu la précaution d'y remédier.

Il faut donc lui rendre, en lui donnant de l'*engrais*, ce que les plantes lui ont enlevé. On appelle engrais toutes les *substances* qui, mêlées à la *terre arable*, sont capables de lui restituer ce que les plantes lui ont enlevé.

L'engrais le plus commun est le *fumier*.

Le *fumier* est la paille qui a servi de *litière* aux animaux et que l'on retire souillée des écuries et des étables.

Le *fumier* bien décomposé où l'on ne distingue plus la paille des autres matières, est le meilleur pour le jardin.

On peut encore y mettre du *terreau*.

Durée des plantes

22. — Les plantes que l'on cultive dans le jardin ne se ressemblent pas toutes : les unes vivent *peu de temps*, les autres *longtemps* ; les unes deviennent *dures*, d'autres restent toujours *tendres*.

Ces différences vont nous permettre de diviser les plantes en *groupes* ou *catégories*, et notre étude en deviendra plus facile.

Les haricots vivent moins d'une année ; on les sème au printemps, et on les récolte l'été suivant, alors qu'ils sont mûrs.

Le haricot et tous les végétaux dont la vie ne dépasse pas une année, sont appelés plantes *annuelles*.

Les pois, les fèves, le chanvre, le lin, le blé, l'orge, l'avoine, le seigle sont des plantes annuelles.

Les carottes que l'on arrache l'année même qu'on les a semées, peuvent passer l'hiver à l'abri du froid, et être replantées au printemps suivant. Alors elles poussent de nouvelles feuilles et une tige munie de rameaux qui porteront des fleurs et des fruits. Après avoir produit des fruits, les pieds mourront; mais la durée de leur vie aura été de deux ans. Toutes les plantes qui vivent deux années, sont appelées *bisannuelles*, comme les carottes, les navets, les betteraves.

Le pommier, le poirier, les artichauts, qui vivent plus de deux ans, sont dits *vivaces*.

Chez les unes, comme l'artichaut dont la tige meurt chaque année, la racine seulement est *vivace*; chez les autres, la racine, la tige et même les branches et les rameaux sont *vivaces*, comme dans le pommier, le poirier, le prunier, le cerisier, le chêne, l'orme, le peuplier, le sapin, etc.

Nature et consistance des plantes

23. — Les végétaux peuvent encore être divisés d'une autre manière, d'après la nature de la tige et des rameaux.

Toutes les plantes, comme les pois et les fraisiers, dont la tige est toujours tendre et à l'état d'herbe, sont dites *plantes à tiges herbacées.*

Celles au contraire dont la tige est dure et formée de bois, sont dites *ligneuses.*

Le chêne, l'orme, le peuplier, le pommier sont des *végétaux ligneux.* Ceux-ci peuvent se diviser à leur tour en *trois catégories.*

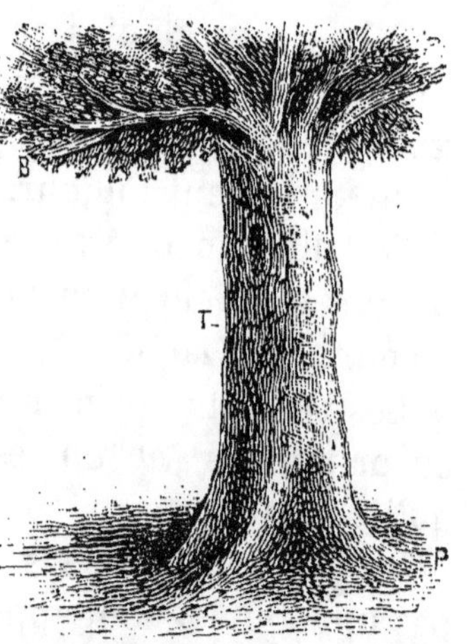

Fig. 23. — Arbre.
T, tronc; B, branches.

Ceux qui sont très élevés comme le chêne, le pommier, le peuplier, le marronnier, sont des *arbres*; ils ont une tige nommée *tronc* (fig. 23), et composée d'autant de couches de bois que la plante a vécu d'années (fig. 24).

Chaque couche représente une année.

Ceux au contraire, qui s'élèvent peu ou ne deviennent jamais bien gros, tels que les rosiers, les groseilliers, se nomment *arbrisseaux*.

Les petits arbrisseaux qui ne dépassent pas un mètre, s'appellent encore *arbustes*. Toutes ces catégories de végétaux se trouvent dans les jardins.

Au point de vue de leur utilité, ou de la culture, les plantes du jardin peuvent encore être divisées en trois autres catégories de la manière suivante :

1° Les *plantes potagères* ou *légumes*, comme les choux, les carottes, les navets, les pois, les haricots;

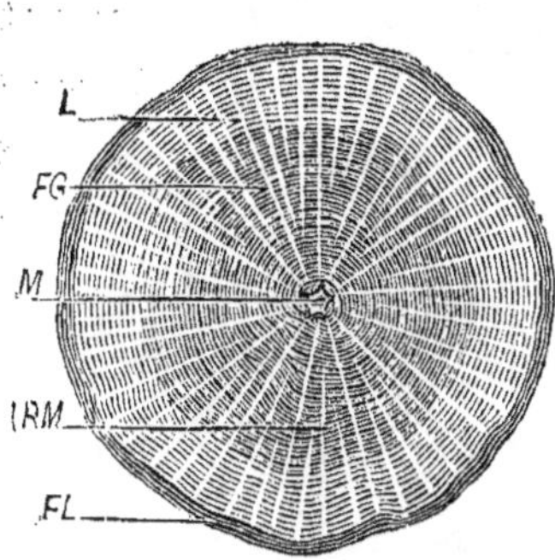

Fig. 24. — Rondelle de chêne : coupe du tronc montrant les couches annuelles.

M, moelle, FG, cœur ou vrai bois; L, aubier; FL, écorce; RM, rayons médullaires.

2° Les *plantes fruitières* ou à *fruits*, comme les pommiers, les poiriers, les pêchers;

3° Les *plantes florales* que l'on cultive seulement pour la beauté ou le parfum de leurs fleurs, comme le rosier, la giroflée, la pensée.

DIFFÉRENTES PARTIES D'UN VÉGÉTAL

24. — Pour que nous puissions bien nous entendre dans la suite de ces leçons, nous devons apprendre à connaître dès maintenant les différentes parties d'une plante, d'un végétal.

Prenons un exemple (fig. 25).

Un *arbre* ou un *églantier* se compose de deux parties :
l'une qui s'enfonce dans la terre, c'est la *racine*; l'autre qui s'élève dans l'air en forme de colonne, c'est la *tige*.

La *tige* porte dans toutes les directions des sortes de *bras* auxquels on donne le nom de *branches principales*. Celles-ci se divisent à leur tour et forment d'autres branches plus petites, qui se divisent, elles aussi, presque à l'infini dans les gros *arbres*.

Les plus petites branches d'un *arbre* se nomment *rameaux*.

Toutes les plantes ne sont pas des arbres, il est vrai; mais dans un grand nombre, surtout dans celles que l'on cultive, on reconnaît une *racine*, une *tige*, et des *branches*.

FIG. 25. — Églantier, plante entière.
1, fruit; 2, fleur; 3, feuille; 4, branche; 5, tige; 6, racines.

Parties d'une fleur (type : giroflée)

25. — Examinons une fleur, celle de la giroflée par exemple, et voyons quelles sont ses différentes parties.

Il y a une *queue* nommée *pédoncule*, puis la fleur proprement dite (fig. 26).

Nous remarquons en dehors de la fleur quatre petites

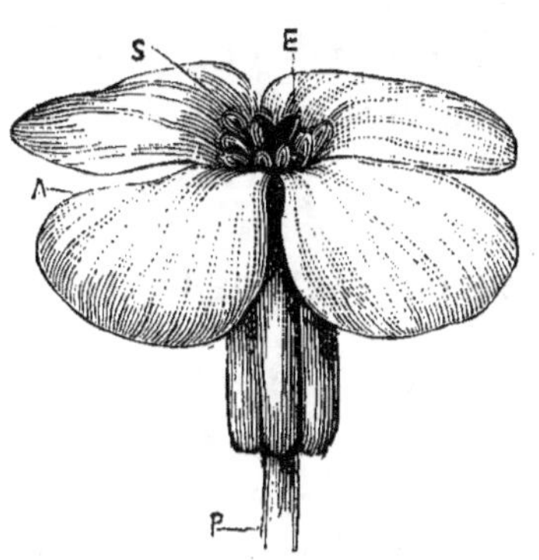

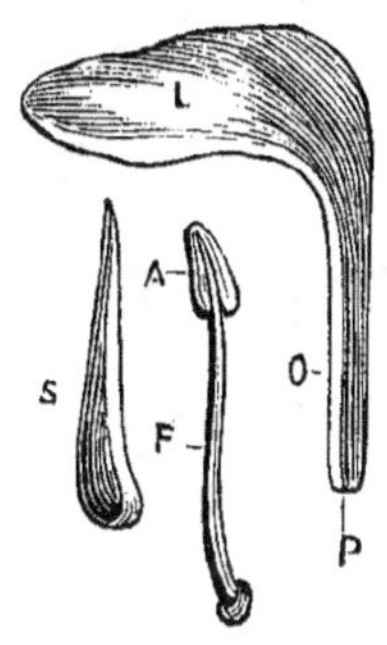

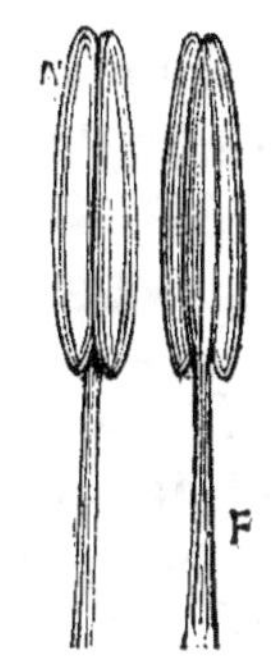

FIG. 26.
Fleur de Giroflée.
P. pédoncule ; C. calice ; A. pé-
tales ; E. étamines ; S. pistil.

FIG. 27, 28, 29.
S. sépale ; A.F. éta-
mine ; L. O. P. pé-
tale.

FIG. 30, 31.
Etamines.
A. anthère ;
F. filet.

feuilles plus ou moins vertes désignées sous le nom de
sépales (fig. 27, S), et dont l'ensemble
prend le nom de *calice*.

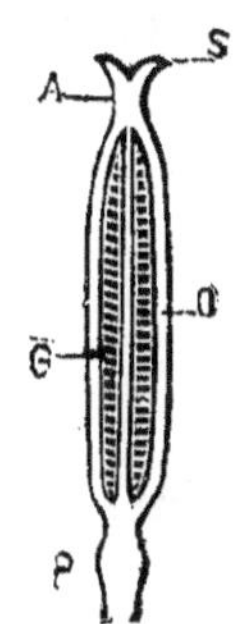

FIG. 32. — Pistil
de Giroflée cou-
pé en long.

P. pédoncule ;
O. ovaire ;
G. graines ;
A. style ;
S. stigmate.

A l'intérieur du calice, se trouvent
quatre autres feuilles colorées appelées
pétales (fig. 29, L O P), et dont l'ensemble
constitue la *corolle*. C'est généralement
la beauté de la corolle qui se voit dans
une fleur.

A l'intérieur de la corolle, on trouve
six petites baguettes renflées à la partie supérieure : ces petites baguettes
se nomment *étamines* (fig. 28, A F et
fig. 30 et 31).

Enfin, au centre de la fleur est une
colonne appelée pistil (fig. 32), qui deviendra le fruit renfermant les graines. C'est le pistil
du pois qui devient la *cosse*.

Les sépales, les pétales, les étamines et le pistil sont fixés sur la partie supérieure du pédoncule qui s'élargit pour les recevoir, et qui prend le nom de *réceptacle*.

Le calice et la corolle se nomment encore *enveloppes florales*, c'est-à-dire enveloppes de la fleur.

Les étamines et le pistil sont les parties essentielles de la fleur, celles qui sont indispensables pour qu'il y ait des fruits.

Les Plantes potagères ou légumes.

26. — Les *plantes potagères* peuvent se diviser en plusieurs *catégories*, d'après les parties qui servent à l'alimentation; mais il est bien difficile, sinon impossible, d'établir une division rigoureuse; car, si chez les unes on mange les feuilles seulement comme dans les différentes variétés de salades, chez les autres, au contraire, ce sont les graines ou les fruits qui sont *comestibles*, comme dans le pois et le haricot; chez d'autres, c'est la racine que l'on mange, comme dans la carotte et le navet, et chez d'autres enfin, plusieurs parties sont comestibles.

Cependant, nous pouvons les diviser en cinq catégories :

1º *Plantes à enveloppes florales comestibles;*
2º *Plantes à graines et à fruits comestibles;*
3º *Plantes à racines ou à tubercules comestibles;*
4º *Plantes à feuilles ou à tiges comestibles;*
5º *Plantes employées à l'assaisonnement.*

PLANTES POTAGÈRES A ENVELOPPES FLORALES
COMESTIBLES

Artichaut

27. — Dans cette catégorie se trouve l'*artichaut*. C'est une plante vivace, nous l'avons déjà dit.

On mange l'extrémité supérieure et élargie de la tige, à laquelle on donne le nom de *plateau*, et qui porte les fleurs; puis la partie inférieure des feuilles vertes nommées *enveloppes florales* ou *écailles* (fig. 33).

L'artichaut craint la gelée; aussi est-il indispensable, à l'automne, d'en couvrir les touffes, soit de fumier, soit de feuilles sèches, pour les protéger pendant l'hiver. On les garantit aussi quelquefois au moyen d'une couche de paille sur laquelle on se contente d'*amonceler* de la terre.

· On ne récolte ni ne sème la graine d'artichaut. On a trouvé pour cette plante, comme pour bien d'autres, un mode de multiplication plus rapide que celui du *semis*.

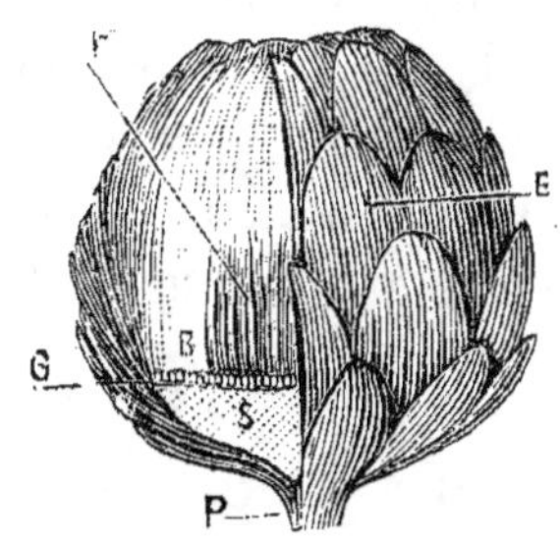

Fig. 33. — Tête d'artichaut disposée pour en montrer les différentes parties.

E. écailes; S. fond ou cœur; B graines dépourvues de foin; F. foin.

Sur la souche se développent de jeunes pousses appelées *œilletons* ou *rejetons* (fig. 34), que l'on sépare de la *touffe* au printemps, après l'avoir déchaussée, et que l'on plante à part. Ces nouveaux pieds peuvent donner des produits dès la première année.

Cette plantation a lieu au mois de mars dans un terrain défoncé à la pro-

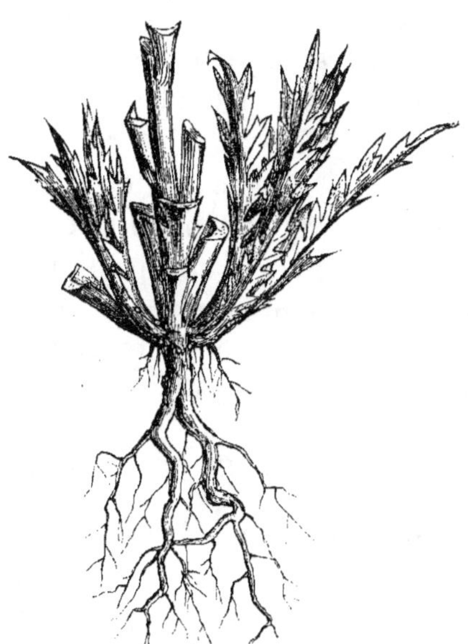

Fig. 34. — Pied d'artichaut.

fondeur de deux fers de bêche : on met deux œilletons ensemble dans des trous espacés à 70 ou 80 centimètres de distance en tous sens.

Si les deux œilletons poussent, on arrache le plus faible. On arrose, on bine et sarcle suivant les besoins.

Il y a deux variétés principales d'artichauts. La meilleure est celle dont les *écailles* sont rapprochées au sommet au lieu d'être écartées ; c'est le *gros camus* ; il y a le *gros camus de Bretagne* et le *gros camus violet*.

Conservation de l'Artichaut

28. — Afin de conserver les artichauts pour l'hiver, on les *éclate* de leurs tiges sans les couper, et on les jette dans l'eau bouillante où on les laisse cuire à moitié. On les retire de l'eau, on arrache les *feuilles* ou écailles, et le foin. Puis le *fond* ou *cœur*, coupé en tranches très minces, est jeté dans l'eau froide où il reste deux heures environ. Ces tranches sont ensuite exposées pendant deux jours sur des claies au soleil, pour sécher. On peut aussi les mettre dans un four légèrement chauffé.

Ainsi préparées, ces tranches d'artichaut se conservent dans un lieu sec.

On peut aussi après les avoir fait cuire comme il vient d'être dit, les mettre dans de l'eau fortement salée, ou dans du vinaigre, et les recouvrir d'une couche d'huile ; mais il faut, quand on veut les conserver tout l'hiver, changer le vinaigre ou l'eau de temps en temps. Pour s'en servir on les fait tremper dans l'eau tiède.

PLANTES POTAGÈRES A GRAINES OU A FRUITS COMESTIBLES

29. — Parmi les plantes potagères à graines ou à fruits comestibles, il convient de citer les *pois*, les *haricots*, les *fèves*, les *melons*, les *concombres*, le *giraumont*, vulgairement désigné sous le nom de *citrouille* ou *potiron*, et enfin la *tomate*.

La tomate

30. — La *tomate* (fig. 35) est une plante des pays chauds, mais que l'on peut cultiver dans toute la France en semant ses graines sur *couche*, au printemps, quand les gelées ne sont plus à craindre. On repique les pieds à 70 ou 80 centimètres de distance. Elle est de la même famille que la pomme de terre.

On peut manger ses fruits, appelés *pommes d'amour*, aussitôt mûrs ; mais ils se conservent très bien en purée pendant deux ou trois ans.

Les tiges de la *tomate* sont trop faibles pour supporter le poids de leurs fruits ; aussi, doivent-elles être soutenues par un treillage en bois, ou par des fils de fer, ou

Fig. 35. — Pied de tomate garni de fruits, et soutenu par un tuteur.

enfin par des *tuteurs*, simples bâtons enfoncés en terre.

On pince le sommet des tiges et les pousses secondaires au-dessus des fleurs, pour que la sève se porte dans le fruit.

Les premiers fruits mûrs, on enlève quelques feuilles, puis quelque temps après on enlève les autres, de manière que les fruits soient soumis à l'action directe des rayons du soleil, et qu'ils mûrissent mieux. Il ne faut pas craindre d'arroser en été.

La maturité des fruits est indiquée par leur couleur rouge. Dans notre pays, on les récolte en août et en septembre.

Conserves de tomate

31. — Comme les tomates pourrissent dès qu'elles sont mûres, il ne faut pas penser pouvoir en faire provision autrement que par les *conserves*.

Pour les préparer ainsi, on prend les plus belles lorsqu'elles sont bien mûres, on leur ôte la queue, on les rompt en morceaux que l'on met dans une bassine pour les faire cuire pendant environ 5 à 7 minutes. Il faut les tourner durant tout le temps de la cuisson pour les empêcher de s'attacher à la bassine. Puis on les passe au tamis, et l'on écrase bien la pulpe que l'on réduit en purée. On emplit ensuite de cette purée des bouteilles ou des flacons que l'on bouche fortement. Le bouchon doit être assujetti avec une ficelle ou un fil de fer.

Chaque bouteille est alors mise dans un petit sac, puis placée debout dans un chaudron rempli d'eau froide jusqu'à la hauteur du goulot de la bouteille : il est donc indispensable que toutes soient de la même hauteur. Il faut les séparer les unes des autres avec du foin pour éviter les chocs. On fait cuire pendant 25 ou 30 minutes. Mais les bouteilles ne doivent être retirées que lorsqu'elles sont froides. On met de la cire au bouchon pour empêcher l'air de pénétrer dans la bouteille. Ainsi préparées, les tomates peuvent se conserver deux ou trois ans.

Une autre manière de faire de la conserve de tomates est la suivante : On place des tomates entières avec la peau et aussi pressées que possible dans des pots en grès, dans lesquels on verse ensuite de l'eau salée

de manière que les fruits baignent bien. Pour les faire
baigner, on pose sur les tomates une planche coupée
de grandeur voulue et que l'on charge d'une pierre
très propre. Ainsi préparées, les tomates se conservent
jusqu'à la récolte suivante.

Pour bien réussir, il faut que l'eau ne soit ni trop, ni
trop peu salée, mais qu'elle ait juste la quantité de sel
qu'elle peut dissoudre.

Pour être sûr de mettre juste la quantité de sel
nécessaire, on peut procéder de la manière suivante :
On met dans un vase, de l'eau, du sel et un œuf de
poule fraîchement pondu. L'œuf reste d'abord au fond
de l'eau. Quand il remonte, l'eau
est suffisamment salée pour l'employer.

Si l'œuf reste au fond, il faut ajouter du sel en petite quantité jusqu'à
ce qu'il remonte.

Pois

Les pois sont chers dans leur
primeur.

32. — Les *pois*, les *fèves* et les
haricots se sèment au printemps et
se récoltent en été. Les graines de
ces trois plantes se mangent aussi
bien vertes que sèches.

Les variétés de pois (fig. 36) sont
nombreuses ; mais toutes ne donnent

Fig. 36. — Branche de
pois avec fleur, fruit,
feuilles.
V. vrilles.

de bons produits que dans une terre franche et bien
meuble, et peuvent être rangées dans les deux catégories suivantes :

1º Les *pois à écosser* ;
2º Les *pois mange-tout.*

Dans la première catégorie, la gousse a des filaments

et une sorte de tunique intérieure parcheminée, ou peau mince, qui la rendent difficile à manger.

Certaines variétés de pois à écosser viennent très hautes, et les tiges ne peuvent se soutenir d'elles-mêmes. On est alors obligé de les *ramer*, c'est-à-dire de *planter*, dans les carrés, des branches d'arbres pour les soutenir.

D'autres s'élèvent peu, et n'ont pas besoin d'être *ramées*, ce qui permet de les cultiver en grand dans les champs.

Pour manger en vert, on cultive surtout le *pois nain hâtif*, le *nain* de Hollande, le *pois Michaud* et celui de *Marly*.

Pour faire sécher on cultive principalement le pois dit *normand*.

Les *pois mange-tout* sont ainsi appelés parce que la *cosse*, sans filaments, ni tunique intérieure parcheminée, est tendre, parce que l'on mange *tout*, le fruit proprement dit comme les graines.

Le calcaire rend les pois plus savoureux, et le meilleur amendement pour ce légume, est la cendre de bois, qui le rend abondant et de bonne qualité.

La ménagère doit faire des semis répétés, tous les quinze jours, par exemple, pour avoir une grande partie de l'année des pois verts à servir à sa famille.

Les *pois cassés* sont très nourrissants, mais d'une digestion difficile.

Les principaux semis se font en mars et en avril; et l'on peut semer jusqu'en juillet. On les fait presque toujours en lignes espacées de 30 à 35 centimètres.

On a généralement la mauvaise habitude de semer les pois en planches d'une grande largeur : l'air, et surtout la lumière, ne pénétrant pas dans ces massifs, la plante ne produit des fruits que sur les bords.

Le mieux serait de les cultiver en lignes isolées, ou en planches très étroites. Au moment de la floraison (fig. 37), il est bon de pincer l'extrémité des pousses pour que la sève se porte dans le fruit.

Les pois conservent leur faculté germinative pendant 3 ou 4 ans.

Il faut préférer pour semence les graines provenant des premiers semis.

La *bruche du pois*, ce petit insecte qui attaque les graines de cette plante, respecte presque toujours le germe. De cette manière, les pois *piqués* peuvent être semés.

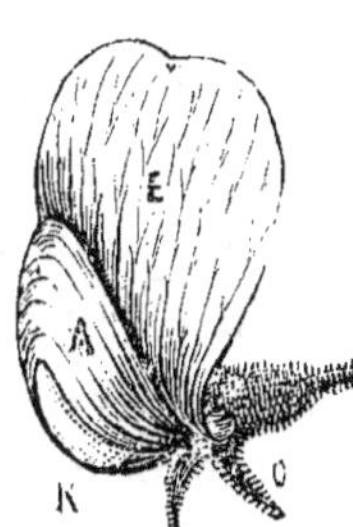

Fig. 37. — Fleur de pois.

C. calice; E étendard; A, une des deux ailes; K. carène.

Conserves de pois verts

33. — Dans les pois, on ne conserve que les graines. On cueille les fruits et on les écosse. Les graines sont ensuite mises dans des bouteilles que l'on bouche bien et dont on retient les bouchons au moyen d'une ficelle ou d'un fil de fer. Les bouteilles sont ensuite mises dans de petits sacs comme pour la tomate, et entourées de foin, puis placées debout dans un chaudron rempli d'eau jusqu'à la hauteur du goulot des bouteilles. On les fait cuire alors plus ou moins longtemps suivant leur dureté. Trente à trente-cinq minutes suffisent en temps ordinaire.

Ainsi préparés, les pois conservés ont la saveur des pois frais.

Haricots

34. — Il y a aussi plusieurs variétés de haricots, dont la plupart ont une tige peu élevée, et n'ont pas besoin de *rames*.

Vert, le fruit est un met exquis; sèches, les graines

sont une excellente nourriture et une précieuse ressource pour la cuisinière, surtout en hiver, alors que
le jardin ne donne presque rien.

Les *haricots nains*, à graines arrondies, sont peut-
être les meilleurs de tous.

Le haricot est un légume très nourrissant, mais sa
peau le rend d'une digestion difficile ; réduit en purée
et passé à la *presse* après la cuisson, pour le débarrasser de cette peau, il devient d'une digestion assez facile, et est presque aussi nutritif que la viande.

Les haricots veulent une terre plutôt sèche qu'humide, bien ameublie.

On les sème lorsque les gelées ne sont plus à
craindre, du 15 avril au 15 mai ; on les met en lignes
espacées d'environ 15 à 18 centimètres, soit en pla-
çant les graines une à une ou 2, 3, 4, 5, 6 ensemble.

Des horticulteurs expérimentés ont conseillé de faire
tremper les graines dans de l'eau de lessive, ou dans
de l'eau tiède mélangée de cendre de bois, et ceci pendant une demi-heure environ : il paraît que ce bain les
dispose à mieux germer. Mais il faut les laisser se ressuyer à l'air avant de les mettre en terre.

Il faut les recouvrir légèrement de terre ; ils lèvent
alors plus facilement, et sont moins sujets à pourrir si
la pluie survient.

A partir de mai, on peut semer tous les quinze jours,
des haricots pour manger en vert.

Conserves de haricots verts

35. — Les haricots verts en cosses peuvent être
conservés pour l'hiver. Pour cela, il faut les éplucher,
c'est-à-dire enlever les deux extrémités de la cosse et
les filaments qui se détachent en même temps. On met
ensuite ces fruits dans un pot en grès : une couche de
haricots, une couche de sel, et ainsi de suite, puis on

couvre le tout d'un linge sur lequel on pose une grosse pierre bien propre pour tasser le tout. Le lendemain, on remplit le pot à nouveau, en mettant dessus une bonne couche de sel sur laquelle on place un linge puis un fort papier, ensuite on laisse le pot dans un lieu sec.

Lorsqu'on veut les utiliser, on les fait tremper dans l'eau froide pendant deux heures environ, et ils sont aussi bons qu'à l'état frais si la préparation a été bien faite.

La ménagère peut encore conserver des haricots verts de la manière suivante :

Elle choisit les plus tendres, les jette dans l'eau bouillante après leur avoir coupé les deux extrémités et enlevé les filaments, et les y laisse pendant un quart d'heure environ, puis les passe dans une eau fraîche. Elle les enfile ensuite avec du fil assez fort, et les expose en plein air et à l'ombre durant deux ou trois jours, puis les expose le même temps au soleil ou dans le four sur des claies pour les faire ressuyer. Quand ils sont suffisamment ressuyés, elle les met dans des sacs en papier, ou dans des boîtes. Lorsqu'elle veut s'en servir, elle les fait *revenir* 24 heures dans une eau tiède, dans laquelle elle met un morceau de beurre; puis elle les fait cuire dans cette même eau. L'assaisonnement est le même qu'en temps ordinaire.

Les haricots ainsi préparés, sont aussi tendres qu'ils l'auraient été au moment de la récolte; mais ils ont moins de goût.

Fèves

36. — Les fèves sont aussi une ressource à la campagne. Vertes, elles vont dans la marmite, accompagner le morceau de lard qui les assaisonne;

sèches, elles servent, comme les pois, à préparer une purée très nutritive, mais lourde.

Les fèves (fig. 38) préfèrent les terres un peu fortes, bêchées profondément et fumées avec des engrais bien décomposés.

On les sème vers le mois de mars, en lignes distantes de 40 à 45 centimètres, après leur avoir fait subir la même préparation qu'aux haricots si on le désire. Les lignes tracées ou simplement indiquées par un cordeau, on pratique de petits trous peu profonds, à l'aide de la bêche ou d'un autre outil, à 8 ou 9 centimètres les uns des autres et dans chacun desquels on met deux ou trois graines.

Une fois bien levées, on donne un léger binage. Un peu plus tard, on butte légèrement.

Fig. 38. — Portion d'un pied de fève avec quatre fruits.

Au moment de la fleur, on supprime l'extrémité de la plante pour que la sève profite davantage au fruit. Cette opération a également l'avantage de supprimer la partie de la plante presque toujours attaquée par les *pucerons*, petits insectes voisins du phylloxera.

Pour manger les fèves en vert, on les cueille une à une avant qu'elles soient dures. Cette cueillette achevée, on peut en obtenir une deuxième en coupant les tiges à 15 ou 20 centimètres du sol.

Les deux meilleures variétés sont la *fève commune* et

la *fève de Windner*. Celles de marais se cultivent plus particulièrement pour les animaux.

Le roi à la fève

37. — A propos de la fève, nous allons lire les vers suivants, qui rappellent la *fête des Rois*, laquelle tombe le 6 janvier de chaque année. Cette fète est bien connue à cause du gâteau appelé le *gâteau des Rois*.

> Hier, j'étais roi, cette petite fève,
> Vrai talisman caché dans mon gâteau,
> M'a proclamé roi. — Mais ce n'était qu'un rêve,
> Rêve enchanteur, je m'éveille trop tôt !
>
> Hier, j'étais roi ! — Mais hélas ! sur la terre,
> Aux plus beaux jours Dieu met un lendemain :
> Mon trône d'or, ma couronne éphémère,
> J'ai tout cela dans le creux de ma main.
>
> Hier, j'étais roi ! — Roi d'un festin, qu'importe !
> Mais j'étais roi : ce titre était le mien ;
> J'avais la joie et l'orgueil qu'il apporte ;
> Dans ce beau jour j'avais tout, — et puis rien.
>
> Hier, j'étais roi ! — Roi d'un jour, d'une heure,
> Roi d'un instant, par le sort même élu,
> Royauté vraie, en passant je t'effleure,
> Sans te saisir : Dieu ne l'a pas voulu !
>
> Mais Dieu voudra qu'à mon heure suprême,
> Roi détrôné que relève la Foi,
> Je ceigne enfin l'éternel diadème
> Dans ce festin où tout le monde est roi.

ANATOLE COURTRIS.

Le melon

38. — Le *melon*, plante *annuelle* et *herbacée*, est d'une culture minutieuse. Il prospère bien en *plein air* dans le Midi de la France, mais demande à être cultivé *sur* *couche* et abrité dans tout le Nord. Les principales variétés de *melons* sont :

1° Le *Cantaloup*, peu allongé et muni de fortes côtes ;

2° Le *Melon brodé*, de même forme que le *cantaloup*, mais dépourvu des côtes ;

3° Le *Melon de Chypre*, à peau *lisse* et *verte*, et rouge à l'intérieur ;

4° Le *Melon de Cavaillon*, de forme allongée, et blanc à l'intérieur.

Ce fruit est un manger exquis, mais peu sain, et peu digestif, dont il faut bien se garder de faire excès ; car il peut être la cause de graves maladies.

Pour qu'un melon soit bon, on doit le cueillir au moment opportun, ni trop tôt, ni trop tard. Ce moment qui varie du 1er août au 15 septembre, est généralement indiqué par une sorte de crevasse qui se forme autour de la queue, laquelle semble alors vouloir se détacher : le melon passe alors du vert au jaune et répand une odeur agréable.

Si, à cause du froid ou d'un autre motif, on est obligé de cueillir les melons avant leur complète maturité, on les fait achever de mûrir dans le foin ou les courtes-pailles, ordinairement nommées *balles* à la campagne.

On en sème la graine au mois de mars, plus tôt si les gelées ne sont pas à craindre.

La méthode la plus simple pour semer les graines de cette plante, consiste à creuser des trous larges de 20 à 40 centimètres sur autant de profondeur, que l'on remplit de fumier, lequel doit être recouvert d'un peu de terre.

On enfonce très peu les graines qui lèvent ordinairement du 6e au 8e jour.

Dès que les mauvaises herbes apparaissent, il faut sarcler.

Lorsque les pieds ont environ un décimètre, on bine, et l'on retranche les plants les moins beaux, s'il y en a de trop.

Il faut arroser très souvent et sarcler chaque fois que le besoin s'en fait sentir.

Quand les tiges sont bien développées, on *taille* : cette opération consiste à couper la tige pour permettre aux branches ou rameaux de prendre de la force. Et lorsque ces rameaux commencent à s'allonger, on les coupe aussi en laissant seulement deux ou trois fruits à chacun.

Citrouilles, potirons, concombres et cornichons

39. — Les *citrouilles*, les *potirons* et les *concombres*, qui sont souvent confondus sous un même nom, sont d'une culture facile. On peut les semer de fin février à mai.

Le concombre coupé jeune prend le nom de *cornichon*. Le cornichon, conservé dans du vinaigre, est employé comme assaisonnement. Il met en appétit, mais est nuisible à la santé si l'on en fait excès. En hiver, c'est une précieuse ressource pour la cuisinière qui, à cette époque de l'année, ne trouve plus dans le jardin ses bonnes plantes assaisonnantes.

Conserves de cornichons ou cornichons confits

40. — Pour conserver les cornichons, on peut s'y prendre de la manière suivante : Les cornichons ayant été cueillis le matin ou conservés pendant deux ou trois jours au plus, afin d'en avoir assez pour remplir un bocal, on les essuie avec un linge un peu rude, ou bien on les brosse pour en détacher le sable qui s'y est attaché, puis on les met dans un linge en les mélangeant de gros sel. Le sel leur fait perdre de leur jus. Le lendemain, on les range par lits dans le bocal, jusqu'à deux ou trois doigts du sommet. On verse dessus du bon vinaigre pour qu'ils baignent convenablement. On ferme le vase au moyen d'un linge et d'un papier à pâte fine. Six semaines après on les change de vinaigre.

Il est d'usage de mettre avec les cornichons différents assaisonnements, tels que du piment, des clous de girofle, des graines de capucine, du poivre en grain, de la graine de moutarde, de l'ail, de l'échalote, de petits oignons, de l'estragon, du gingembre, des câpres, du fenouil, etc.

On peut s'en servir un mois après.

Pour avoir des cornichons d'une belle couleur verte, il faut d'abord les faire mariner dans de la saumure pendant un ou deux jours, et verser dessus du vinaigre bouillant. On les sort du bain pour les mettre dans un bocal avec du bon vinaigre.

On peut encore jeter les cornichons dans du vinaigre bouillant, et les y laisser 2 ou 3 minutes, puis les sortir du bain. Vingt-quatre heures après, on les met dans des bocaux avec du fort vinaigre.

Enfin, on peut aussi, après les avoir fait bouillir dans de l'eau pendant 3 ou 4 minutes, les plonger dans de l'eau très froide, et, lorsqu'ils sont égouttés, les arranger comme il a été dit plus haut.

Il faut toujours les cueillir quand ils sont à peu près de la grosseur du doigt, et éviter de se servir de vases en cuivre pour les préparer.

PLANTES POTAGÈRES A RACINES OU A TUBERCULES COMESTIBLES

41. — La troisième catégorie de plantes potagères comprend celles dont la *souche* ou les *tubercules* sont comestibles : ce sont le *céleri-rave*, le *navet*, le *salsifis*, le *radis*, la *betterave*, la *carotte*, la *pomme de terre*.

Le céleri

42. — Il y a deux variétés de *céleri* : l'une a une souche tout ordinaire, et l'on n'en mange que les feuilles ; l'autre a une très forte *souche*, qui rappelle un peu un navet informe. C'est le *céleri à talon* ou *céleri-rave* (fig. 39), ainsi appelé à cause de la forme de sa souche. Celle-ci est alimentaire. Les feuilles le sont aussi ; mais on les donne le plus souvent aux animaux ; car ayant végété en plein air, elles sont généralement dures et amères.

Par sa variété à *talon*, le céleri entre dans la catégorie des *plantes potagères à racines ou à tubercules comestibles* ; mais par sa variété ordinaire, il fait partie des *plantes potagères à feuilles comestibles.*

Fig. 39. — Céleri-rave ou céleri à talon.

Parlons d'abord du *céleri ordinaire* ou *céleri long* (fig. 40).

On le sème sur couche dès la fin de février et en mars, et en pleine terre en avril. On recouvre peu la graine, et l'on arrose souvent.

Cette plante exige un sol fertile, profond et humide.

Elle est repiquée quand le plant a trois ou quatre feuilles.

Puis, lorsque le pied est assez gros on le transplante

de la manière suivante : on creuse, dans le jardin, une *fosse,* dans laquelle on met du fumier, que l'on recouvre d'une mince couche de terre ; puis on y plante les pieds de céleri au moyen d'un *plantoir.* Cela se fait en été.

Les pieds sont placés à 20 centimètres environ de distance sur la ligne, en espaçant les rayons à 30 ou à 35 centimètres.

Quand les feuilles sont déjà longues, on ramène la terre au pied : cela se nomme le *buttage.* Le céleri a besoin de plusieurs *buttages* dans le cours de sa végétation. Cette opération a pour but de priver la plante de la lumière du soleil. Il faut la pratiquer par un temps sec.

La partie ainsi privée de lumière perd sa couleur verte et blanchit. Elle devient plus tendre et moins amère.

FIG. 40. — Pied de céleri long ou céleri ordinaire.

C'est également pour les faire blanchir qu'on lie les pieds de salade ou qu'on les couvre d'une planche.

Les plantes qui blanchissent par le manque de lumière sont dites *étiolées.*

Le *céleri à talon* n'a pas besoin d'être butté, car la *souche* se trouve entièrement dans la terre.

On met les pieds à 40 ou 50 centimètres les uns des autres.

Le *céleri long* se mange cru ou cuit. La souche du céleri-rave se mange toujours cuite. Cuit, ce légume se digère assez facilement, mais cru, en salade, il est très lourd.

Il est bon de cultiver les deux variétés de cette plante. C'est un moyen pour la cuisinière de varier les mets, chose que l'on ne fait pas assez à la campagne.

Une nourriture variée est presque indispensable à la santé.

Navet, betterave, salsifis, carotte, radis

43. — La *carotte* (fig. 41), le *salsifis*, le *navet*, et la *betterave* dont les variétés principales sont la *jaune* et la *rouge*, n'ont pas besoin de soins particuliers. Il suffit de semer la graine *à la volée*, et de laisser croître les plantes. Si, cependant, les mauvaises herbes les envahissent, il est bon de les *sarcler* et même de les *biner*.

Les carottes veulent un terrain profond et bien préparé, et qui a porté une récolte fumée.

On les sème sur place et en lignes espacées de 15 à 20 centimètres, ou à la volée, depuis mars jusqu'en juin, et l'on enterre la graine le moins possible. La graine de carotte peut même être semée dès l'automne; mais alors il faut recouvrir le semis de fumier pailleux pour le garantir du froid.

Fig. 41.
Carotte.

Le *panais* se cultive comme la carotte.

Le *salsifis* se sème en avril, en lignes espacées de 12 à 15 centimètres.

On arrache le salsifis seulement au moment que l'on

veut s'en servir. Mais il peut arriver que la ménagère
en ait besoin lorsque la terre est fortement gelée. Elle
devra donc s'en passer si elle n'a pas eu la précaution
d'en faire provision.

Pour en avoir toujours à sa disposition pendant
l'hiver, il suffit d'en arracher des pieds à la fin de novembre, et de les enterrer dans une tranchée.

Les *navets* se plaisent dans les terres légères, sili-
ceuses, ou dans les terres franches bien ameublies. La
graine se sème à la volée, de mars à septembre. Pour
les semis de mars et d'avril, on prend de la graine de
deux ans, qui donne une plante moins sujette à monter.

La betterave peut rendre d'immenses services à la
ménagère. Ses feuilles servent à faire d'excellentes
farces; la base de ces mêmes feuilles se met à la sauce
blanche comme la racine du salsifis. Sa racine se
mange en salade après être cuite.

Les carottes et les navets sont, avec les pommes de
terre et les choux, les légumes qui accompagnent le
plus souvent le morceau de lard dans la marmite du
brave campagnard.

La carotte n'est facile à digérer que lorsqu'elle est
jeune et tendre ; le navet est toujours lourd, et doit
être mangé quand il est jeune.

Les carottes servent à faire des confitures qui ne sont
pas sans valeur, et qui ont un peu le goût des confitures d'orange.

Elles peuvent être conservées après avoir été récoltées
en temps utile.

Pour que les carottes arrachées à l'automne se conservent de bonne qualité, on les dispose dans un lieu
frais, mais non humide, de la manière suivante : On
met une couche de sable bien sec, une couche de carottes, une de sable, et ainsi de suite, en terminant
par le sable.

On peut encore les mettre en *silos*. On creuse alors, dans le jardin, un grand trou dont on tapisse le fond et les côtés avec de la paille bien sèche, et on y range les carottes par couches successives, séparées par un lit de paille. On recouvre ensuite le tout d'une bonne épaisseur de paille, puis d'une couche de terre, battue en dos d'âne pour permettre à l'eau de pluie de couler à droite et à gauche.

Si l'on craint que l'eau de pluie pénètre encore, on couvre le tout de planches formant toiture.

Le *radis*, dont on mange aussi la racine ou plutôt la *souche*, se sème pendant une bonne partie de l'année, dans un sol riche en terreau. On peut faire des semis tous les quinze jours, de manière à en avoir toujours de bons à manger.

La graine doit être à peine enterrée.

Il ne faut pas craindre de les arroser.

Confiture de carottes

44. — On met deux livres de carottes épluchées et coupées en tranches minces pour trois livres de sucre en poudre, et la peau de deux ou trois citrons également coupée en tranches. On place le tout dans une bassine, de la manière suivante : une couche de carrottes, du sucre et un peu de citron, une couche de carottes, du sucre et du citron, et ainsi de suite, en ayant soin de mettre du jus de citron en plus grande quantité au milieu et à la fin. On ajoute alors de l'eau pour recouvrir le tout, et l'on fait cuire à petit feu pendant trois ou quatre heures, puis on met dans des pots.

La confiture de carottes se fait encore de la manière suivante, avec du vin doux, au moment des vendanges : On râcle les carottes, que l'on met ensuite blanchir dans l'eau bouillante pendant un quart d'heure environ. Puis on met sur le feu, dans un chaudron, du vin doux, que l'on fait bouillir et que l'on écume. Le vin écumé, on y verse les carottes qu'on y laisse cuire après avoir ajouté de la cannelle et un peu de miel ou du sucre.

La confiture est cuite à point, lorsque, mise en petite quantité sur une assiette, elle s'épaissit et brunit en refroidissant.

La pomme de terre

45. — Après le pain, la *pomme de terre* (fig. 42) est l'aliment le plus répandu. Elle est même presque la seule nourriture du pauvre dans certains pays et n'est pas dédaignée du riche.

Il y a environ un siècle que cette plante, si précieuse, est connue en Europe, où, avant son introduction la famine décimait de temps en temps la population des plus riches contrées.

Fig. 42. — Pied de pomme de terre venu de graine.

R, racines; C. collet; B, branches souterraines donnant les tubercules E; F tubercule à fleur de terre, et dont la branche donne des feuilles, T. niveau du sol avant le buttage.

La *pomme de terre* croissait seulement dans l'Amérique du Sud, au Chili, où elle n'était l'objet d'aucune culture. Elle vivait donc à l'état sauvage. De plus, elle était considérée comme plante dangereuse et ne produisait que de tout petits *tubercules*. La culture l'a transformée en une plante de première utilité. Son fruit seul est *vénéneux*, ce qui veut dire qu'il renferme du poison.

Un Français, nommé Parmentier, parvint, après des difficultés sans nombre, à la faire accepter dans sa patrie comme plante alimentaire.

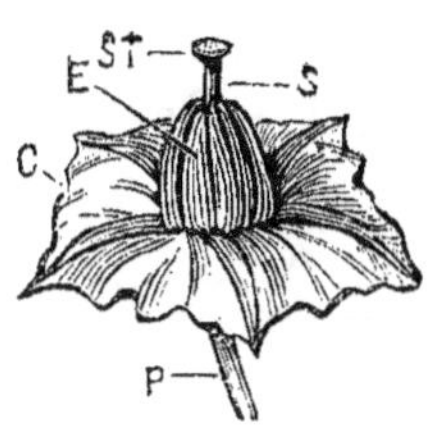

Fɪɢ 43. — Fleur de pomme de terre.

P. pédoncule; C. corolle; E. étamines; S. style; S T. stigmate.

Aujourd'hui, elle est l'objet d'une culture importante non seulement dans toute la France, mais encore dans la plupart des pays civilisés.

En souvenir de Parmentier, qui chercha et réussit à la propager, on l'appela *parmentière*, nom qu'on lui donne encore aujourd'hui dans certains pays.

La pomme de terre s'accommode de tous les terrains. Aussi est-elle facile à cultiver. Mais elle rapporte davantage dans un bon sol que dans un mauvais. On met en terre des *tubercules* semblables à ceux que nous mangeons en ayant soin de choisir les plus convenables.

De chacun des trous visibles à la surface du tubercule, il sort une ou plusieurs branches nommées *fanes*, qui s'élèvent au-dessus du sol, et donnent des fleurs (fig. 43) auxquelles succèdent de petites boules vertes nommées *baies :* ce sont les fruits, qui ne sont pas comestibles.

Dans le sol, se développent d'autres *tubercules* ou *pommes de terre*, semblables à ceux que l'on a plantés. Ce sont ces *tubercules* que l'on récolte pour manger ou pour planter de nouveau, et qui sont communément appelés, mais à tort, *les fruits de la pomme de terre.*

Ce ne sont pas des fruits, mais bien des portions de branches souterraines, qui, selon les variétés, ont des formes différentes.

La *pomme de terre* est, sans contredit, la plus utile des productions de nos jardins.

Honneur donc au savant français qui a su doter sa patrie d'une plante aussi précieuse! Assurément, il lui a rendu un plus fier service que la plupart de ses illustres généraux.

PLANTES POTAGÈRES

A FEUILLES OU A TIGES COMESTIBLES

Choux

46. — Parmi *les plantes à feuilles ou à tiges comestibles*, on peut citer les *choux*, l'*oseille*, la *mâche* ou *doucette*, la *chicorée*, les *épinards*, la *laitue*, la *scarole*, le *pourpier* et le *cresson.*

Les variétés de choux sont assez nombreuses, mais le mode de culture est à peu près le même pour toutes.

La graine se sème toujours en *pépinière.*

Une *pépinière* est un terrain où l'on sème des graines pour obtenir en grande quantité, sur un petit espace, des plantes qui, ensuite, doivent être transplantées ailleurs.

On donne principalement le nom de *pépinière* au terrain dans lequel on sème les graines des arbres, comme le pommier, le poirier, des *arbrisseaux*, comme les rosiers, et enfin des *arbustes.* « *La pépinière*, dit Olivier de Serres, *est inventée pour commencer à l'origine des arbres du verger, lorsque le plant enraciné fait défaut.* »

Toutes les espèces de choux demandent un sol

meuble, pas trop léger, abondamment fumé, frais et profond.

On sème dans une terre légère mêlée de terreau, et que l'on arrose souvent.

Si les insectes attaquent les jeunes plantes, on répandera dessus, à la rosée, de la cendre, que l'on a toujours à la campagne.

Quinze à vingt jours après la *levée*, lorsque les jeunes choux ont déjà quelques feuilles, on les *repique*, c'est-à-dire qu'on les arrache de la *pépinière* et qu'on les remet en terre très près les uns des autres dans des carrés où ils ne doivent pas encore rester définitivement. C'est ce qu'on appelle vulgairement *mettre les plantes en nourrice*.

On espace les pieds de 15 centimètres environ.

On donne le nom de *transplantation* au deuxième *repiquage*, qui consiste à les placer enfin dans le lieu où ils demeureront jusqu'à ce qu'ils soient bons à manger. Ils sont espacés, dans ce cas, d'environ 60 à 70 centimètres en tous sens.

La graine de ce légume se sème à toutes les époques de l'année, mais principalement en mars et en août.

Les variétés de choux les plus répandues sont le *chou frisé* dit de *Milan*, le *chou de Bruxelles*, le *chou vert*, le *chou cabus* et le *chou-fleur*.

Ce dernier réclame une bonne terre légère et riche en terreau.

La cuisinière trouve une grande ressource dans toutes les variétés de *choux pommés*.

Les *choux verts* ou *choux de village*, que l'on cultive pour les animaux, peuvent, par les nouvelles pousses du printemps, remplacer les variétés à *pommes*.

Ce légume est assez indigeste. Hachés et fermentés, les choux constituent la *choucroute*, mets fort estimé des Alsaciens-Lorrains et des Allemands.

Choucroute

47. — Voici ce qu'un ami des cultivateurs, Fran-
çois de Neufchâteau, a dit en parlant de cette conserve
de choux.

« La préparation connue sous le nom de choucroute
est un des moyens les plus convenables de conserver
les choux. Elle offre en même temps une nourriture
saine, agréable et qui mériterait de devenir d'un usage
général dans le centre de la France. On peut employer
tous les choux pommés à cette préparation, cependant
on préfère généralement le gros chou, dit de Strasbourg.
Après avoir enlevé toutes les feuilles qui ne sont pas
saines, on découpe la tête en tranches très minces, et
l'on en prépare ainsi autant qu'on peut en employer ;
on prend ensuite un tonneau ordinaire que l'on défonce par un bout, et s'il a contenu de l'eau-de-vie,
du vin ou du vinaigre, il n'en est que meilleur, pourvu
qu'il n'ait pas goût de moisi. Dans le fond on place
une couche de sel un peu épaisse, et par-dessus un
lit de choux de six à huit pouces d'épaisseur, que l'on
foule ensuite de manière à le réduire à un ou deux
pouces ; on étend dessus une nouvelle couche de sel,
puis un nouveau lit de choux que l'on foule comme
précédemment, et l'on continue de la même manière
jusqu'à environ trois ou quatre pouces du haut du tonneau en finissant par une couche de sel. Sur le tout,
on place un linge mouillé plié en trois ou quatre ; et
l'on referme le tonneau au moyen d'un cercle en
planches assemblées, muni d'une poignée, et que l'on
charge de pierres.

Dans cet état, la fermentation ne tarde pas à s'établir
dans la masse, et l'eau qui se dégage des choux met
le sel en fusion et s'élève à la surface ; cette eau, d'abord
épaisse, verdâtre et fétide, doit être enlevée à mesure

qu'elle surnage, et l'on en facilite l'écoulement au moyen d'une ouverture pratiquée à un ou deux pouces du sommet, en ayant soin de la remplacer par de nouvelle saumure, jusqu'à ce que l'eau qui en découle ne soit plus que de la saumure.

Arrivée à ce point, la choucroute ne demande plus d'autres soins que d'être toujours bien bouchée et re- recouverte de deux à trois pouces de bonne saumure.

On est généralement dans l'usage d'ajouter quelques assaisonnements à cette préparation, ce sont ordinai- rement des graines de carvi ou de genièvre, que l'on répand dans l'intérieur des couches de choux.

La bonne choucroute a une saveur acidulée agréable ; celle qui a pris air et qui est restée en vidange sans être recouverte, exhale une odeur de choux pourris. C'est à cette circonstance que l'on doit attribuer le dégoût que quelques personnes témoignent à cette prépara- tion.

L'emploi de la choucroute, à bord des navires qui font de longues navigations, contribue puissamment à tenir les équipages en santé et à les garantir du scorbut. »

Plantes à salade

48. — Parmi les plantes que l'on mange en salade, nous pouvons citer en première ligne la *chicorée*, la *scarole* et la *laitue*.

La *chicorée endive* et la scarole prospèrent mieux dans une terre douce et légère, que dans tout autre sol.

On peut s'arranger de manière à en avoir de bonnes à manger toute l'année.

La *chicorée d'été* se sème en avril ; celle de Rouen en mars, et la chicorée de Meaux, en juin: toujours en pépinière.

On plante sur place quand les pieds sont assez forts,

en les disposant en quinconce, à 30 centimètres environ les uns des autres en tous sens.

Si l'on veut faire blanchir les salades, il faut les lier par un temps sec : la moindre trace d'humidité les ferait pourrir. Les salades liées s'arrosent au pied avec le goulot de l'arrosoir, et non avec la pomme.

Une quinzaine de jours après qu'elles ont été liées, elles sont bonnes à manger.

La laitue ordinaire peut se semer sur place ou en pépinière.

La *mâche* ou *doucette*, *boursette* ou *broussette*, encore appelée bien souvent *oreille de lièvre*, se sème à la volée en septembre et en octobre, et quelquefois beaucoup plus tôt.

La graine est recouverte à l'aide du râteau. Il n'est pas nécessaire de bêcher le terrain.

On mange cette plante en salade à l'automne, en hiver et au printemps, avant qu'elle monte à graine. Elle ne réclame aucun soin, mais à la vérité rapporte peu.

Enfin, vient le *cresson*, dit *cresson de fontaine*, que l'on cultive d'une manière toute spéciale. Cette plante croît dans l'eau où elle vient sans le secours de l'homme ; mais, à proximité des grandes villes, on la soigne dans de larges fossés contenant de l'eau, et qui prennent alors le nom de *cressonnières*.

Le *cresson* se mange encore sans être assaisonné et passe pour être sain.

Puisque nous parlons des plantes à salade, permettez-moi, mes petites amies, de vous signaler une plante que vous connaissez toutes, et de laquelle vous n'avez peut-être jamais mangé. Je parle de la *chicorée sauvage*, si abondante dans les champs. Cultivée comme elle l'est aux environs de Paris, elle fournit une salade saine et agréable à manger. La *chicorée sauvage* réclame peu de soins, prospère partout, et devrait être introduite dans tous les jardins. C'est cette même plante qui, recouverte de terre, blanchit et se nomme alors *barbe-de-capucin*.

On en fait des semis successifs de 15 jours en 15 jours.

Si l'on veut la manger verte, on la sème à la volée, mais on la sème en lignes si l'on veut la faire blanchir.

Enfin, les jeunes orties ne sont pas non plus à dédaigner au printemps. On utilise les sommités pendant qu'elles sont encore très tendres.

Oseille et épinard

49. — L'*oseille* est une plante à *racines vivaces*, dont les feuilles, à saveur *acide* et *piquante*, ne conviennent pas à tous les estomacs. Elle est d'une culture facile.

On la sème en *carrés*, ou en *bordures* autour des planches du potager ; on la multiplie encore en plantant des parties de *touffes* que l'on enlève au moyen de la bêche.

On en fait des semis successifs, soit à la volée, soit en lignes, mais toujours dans une terre bien préparée, bien fumée et humide, que l'on arrose souvent.

L'*épinard* est également d'une culture facile. Ses feuilles remplacent souvent celles de l'oseille dans la confection des *farces*. Ces mêmes feuilles s'apprêtent aussi aux œufs, et servent à préparer du *bouillon*, dit *bouillon aux herbes*.

Dans cette dernière préparation, on peut, au printemps, lui ajouter les sommités des jeunes orties. C'est ce que font les crémiers de Paris.

Les épinards rassasient vite et sont difficiles à digérer ; mais ils sont rafraîchissants, de même que l'oseille.

Conserves d'oseille

50. — De même que la plupart des plantes potagères, l'oseille peut manquer en hiver. Pour en avoir en cette

saison, on en fait de la *conserve* de la manière suivante :
on fait bouillir de l'eau que l'on sale très fort, et dans
laquelle on jette l'oseille épluchée, et l'on fait faire
deux ou trois bouillons ; puis on la laisse égoutter
jusqu'au lendemain. Quand l'oseille est bien égouttée,
on la met dans des pots en grès, et l'on verse dessus
du beurre fondu, en assez grande quantité pour empêcher l'air d'entrer, puis on couvre le tout d'un papier.

On conserve l'oseille pour l'hiver, dit de Neufchâteau, mêlée avec d'autres herbes. On fait cueillir, sur
la fin d'août ou de septembre, toutes celles qu'on veut
employer, savoir : l'oseille qui doit composer le tiers
ou la moitié au plus de la quantité, la poirée, la laitue,
l'épinard, le pourpier, le persil et le cerfeuil, dont on
prend quantités égales avec un peu de ciboule, si l'on
n'en craint pas le goût. On fait éplucher et laver à plusieurs eaux toutes ces herbes. On les laisse égoutter et
sécher, après quoi on les hache : on les fait cuire sans
eau dans une marmite qu'on remplit jusqu'au bord,
en les pressant le plus qu'on peut, observant de ne
faire qu'un très petit feu dessous pour qu'elles ne
brûlent pas : de temps en temps on les remue ; et,
quand elles sont suffisamment cuites, on les met dans
des pots qu'on remplit à un pouce près, et qu'on trans-
porte sur-le-champ dans le lieu où ils doivent rester,
et, quand ils sont en place, on coule par dessus l'épaisseur d'un doigt environ de beurre fondu ou d'huile
d'olive ; on les laisse dans cet état jusqu'au besoin ;
elles se conserveront parfaitement tout l'hiver. Mais il
est à remarquer que, lorsqu'on les couvre avec du
beurre, elles s'éventent et aigrissent aisément dès que
le pot est entamé. Il faut les consommer tout de suite
et par cette raison, on doit préférer l'huile, qui surnage
toujours et les entretient dans le même état aussi longtemps que l'on veut.

Asperge

51. — Nous citerons encore, pour terminer cette liste, l'*asperge*, dont on récolte les *jeunes pousses* (fig. 45), nommées *turions*, dès qu'elles sortent de terre, et que l'on coupe dans la terre.

Les asperges sont rafraîchissantes et légères.

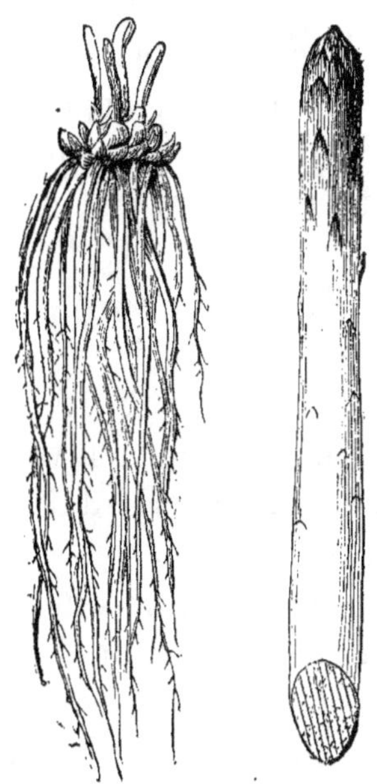

FIG. 44.
Griffe d'as-
perge.

FIG. 45.
Turion d'as-
perge.

L'eau dans laquelle on les a fait cuire après les avoir bien nettoyées, peut être consommée en potage.

On sème la graine d'asperge en mars et en avril. Deux ans après on repique les pieds vulgairement nommés *pattes* ou *griffes* (fig. 44), et ceci dans une bonne terre, profonde, meuble et non humide.

Au mois de mars, et même dès l'automne s'il est possible, on creuse des fosses que l'on défonce à 50 ou 60 centimètres en rejetant la terre sur les côtés. Chaque fosse doit avoir de 90 à 120 centimètres de large, et on laisse entre deux fosses voisines un espace de 90 centimètres environ.

Au fond de chaque fosse, on met un lit de fumier de 7 à 10 centimètres d'épaisseur, et qu'on mélange bien avec de la terre, soit avec celle que l'on a retirée, soit que l'on défonce davantage. On recouvre le tout de terreau ou de très bonne terre. Puis, au mois de mars, si la préparation a été faite en automne, ou seulement au mois d'avril, si le premier travail n'a été fait qu'en mars, on plante les *griffes* à 30 ou 40 centimètres de distance.

Pendant la première année, il faut sarcler, biner et arroser au printemps et en été; puis en automne, on coupe les tiges à 3 ou 4 centimètres du sol, et l'on répand sur la couche un lit de terre.

Les soins seront les mêmes pendant la deuxième et la troisième année.

Au printemps de la quatrième année, on met une couche de fumier décomposé que l'on mélange à la terre par un léger binage. On peut dès cette quatrième année couper les plus grosses asperges aussitôt qu'elles sortent de terre.

Dès la cinquième année, les asperges sont en plein rapport.

Cette plante exige bien des soins avant de rapporter; mais si les préparations et les soins ont été convenables, la plantation peut donner pendant une trentaine d'années.

Un couteau ordinaire est peu commode pour couper les asperges dans le sol, car il faut aller à une profondeur d'au moins 15 centimètres.

Il est mieux de se servir d'un outil coupant du bout.

PLANTES EMPLOYÉES A L'ASSAISONNEMENT

52. — Les plantes employées comme assaisonnement, c'est-à-dire pour donner du goût à d'autres aliments, sont assez nombreuses. Nous citerons seulement les plus communes, celles qui se trouvent dans tous les *potagers*.

Les principales sont le *persil*, le *cerfeuil*, l'*estragon*, l'*ail*, l'*oignon*, l'*échalote*, le *poireau*, la *ciboule*, l'*hysope*.

Tous les sols conviennent au persil; mais il affectionne principalement les terres fraîches et légères. Il perd sa saveur quand on lui donne du fumier gras.

Sa graine se sème en tout temps, sauf pendant les gelées; on l'enterre à un ou deux centimètres. Elle lève seulement au bout de 4 à 6 semaines.

Fig. 46. — Persil.   Fig. 47. — Cerfeuil.

Le cerfeuil aime une terre légère et sèche; on le sème de mars à septembre. On enterre peu la graine qui lève au bout de 10 à 15 jours si elle est nouvelle, et quelques jours plus tard si elle est vieille.

Le persil (fig. 46) et le cerfeuil (fig. 47), sont donc faciles à cultiver. Ils prospèrent partout, mais ils faut bien se garder de les confondre avec la *petite ciguë*, poison violent qui leur ressemble beaucoup. Pour ne pas se tromper, il suffit de froisser les feuilles entre les loigts et de sentir : le persil et le cerfeuil sentent bon, la *ciguë* sent mauvais.

La *petite ciguë* (fig. 48) est connue depuis bien longtemps comme plante vénéneuse, puisqu'il y a déjà près de 2,300 ans que Socrate d'Athènes, en Grèce, l'un des plus célèbres philosophes de l'antiquité, fut condamné à *boire la ciguë*.

La ciguë n'est pas malfaisante pour l'homme seulement, elle l'est aussi pour les animaux.

C'est ainsi que des lapins sont morts après avoir mangé cette plante mélangée à d'autres herbes.

Fig. 48. — Petite ciguë (plante dangereuse)

Gardez-vous donc bien, mes petites ménagères, d'en donner à vos chers lapins, aussi bien qu'aux autres animaux domestiques.

Détruisez la ciguë dès qu'elle *met le pied* dans votre jardin. Pour cela, il n'y a qu'à l'arracher avant la maturité de ses graines, car c'est une plante annuelle.

L'*estragon* réclame aussi peu de soins.

Les oignons (fig. 49) sont d'un

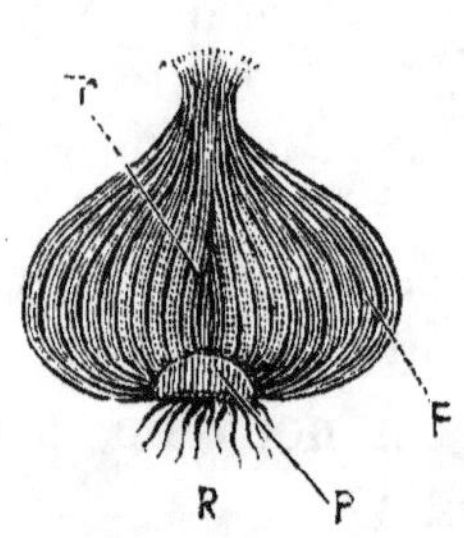

Fig. 49. — Oignon coupé par le milieu dans le sens de la longueur.

R. racines; P. plateau; F. feuilles charnues; B. bourgeon.

usage très fréquent dans la cuisine. On en cultive trois variétés : le *blanc*, le *jaune* et le *rouge*. *L'oignon blanc* ou *hâtif* se sème en pépinière à la fin de l'été. Dans certain pays, on le *repique* à l'automne, en mettant les pieds assez serrés ; puis on le transplante au printemps suivant ; dans d'autres endroits, on le met en place également au printemps, mais sans l'avoir repiqué à l'automne.

Le *jaune* et le *rouge* se sèment généralement au printemps, soit en pépinière, soit sur place ; mais dans ce dernier cas, il faut semer plus clair et même éclaircir, si les pieds sont trop près les uns des autres.

Les semis d'oignons demandent beaucoup d'eau.

Cette plante exige une terre profondément labourée, assez légère et pas trop humide. Elle craint le fumier frais, et réussit mieux dans un sol fumé de l'année précédente qu'au moment de la transplantation.

Quand les oignons ont atteint la moitié ou un peu plus de leur développement, il faut en tordre la tige qui ne reçoit plus ensuite autant de nourriture : alors le *bulbe*, c'est-à-dire l'oignon proprement dit, grossit davantage.

On réserve les plus beaux oignons pour *porte-graine*, et on les repique en mars. Lorsque les tiges sont bien développées, on les soutient au moyen de *tuteurs*.

Les *têtes* mûres sont coupées, mises en bottes et suspendues au grenier. La graine qui conserve ses facultés germinatives pendant deux ans, ne doit être retirée de son enveloppe qu'au moment de la semer.

On ne sème pas la graine de l'*ail*, on en plante les *caïeux*, vulgairement appelés *gousses*. Cette plantation se fait généralement au commencement ou à la fin de l'hiver, et l'ail est bon à récolter au mois de juin suivant, vers la Saint-Jean, ou dans les premiers jours de juillet.

On multiplie aussi l'échalote au moyen de *caïeux*, et

il faut réserver les plus allongés, qui donnent les plus belles touffes.

L'ail et l'oignon doivent rester quelques jours sur le sol après avoir été arrachés, pour achever de mûrir.

Le *poireau* se sème au printemps, dès que le temps le permet, vers la fin de mars, par exemple, soit en lignes, soit à la volée.

Il se plaît dans un sol ni trop léger, ni trop compacte, mais riche et frais. Il demande un fumier consommé.

Parvenus à la grosseur d'un crayon ordinaire, les pieds sont repiqués en lignes distantes les unes des autres de 20 centimètres environ, et espacés de 10 centimètres dans la ligne.

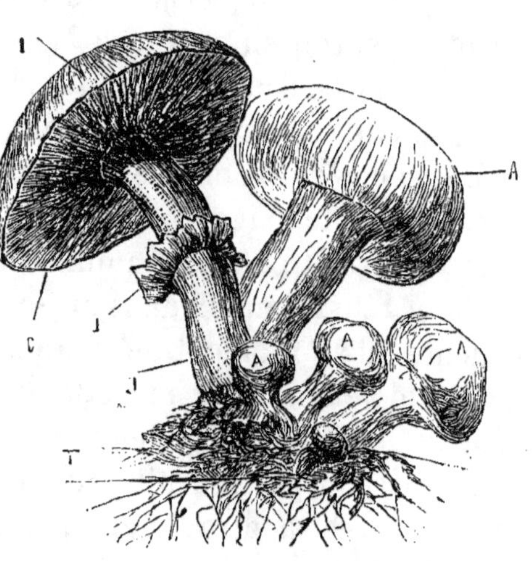

Fig. 50. — Champignon.
T, blanc de champignon.

Les jeunes pieds arrachés avec précaution, on en fait la toilette : ce qui consiste à couper l'extrémité des feuilles et des racines.

Chaque plant est ensuite trempé dans un mélange d'eau, de purin et de bouse de vache, puis planté à 7 ou 8 centimètres de profondeur. On arrose immédiatement.

Les porte-graines passent l'hiver en terre et repoussent au printemps.

On les soigne comme ceux des oignons.

La ménagère pourra au besoin cultiver le *champignon de couche* (fig. 50). On met alors du *blanc de cham-*

pignon sur du fumier de cheval bien consommé, que l'on peut mélanger de terre, soit dans une carrière souterraine, soit dans une grotte, voire même dans une cave.

Le Chanvre et le Lin

Le Nord fournit son chanvre aux ailes des vaisseaux;
Le lin de la bergère exerce les fuseaux.

DELILLE.

S'il y a un homme qui ne laboure point, une femme qui ne s'occupe point à filer, quelqu'un souffre le froid et la faim dans le pays.

53. — Dans la plupart des localités, on a l'habitude de cultiver, à côté des légumes, le *chanvre* et le *lin*, deux plantes utiles qui occupent, pendant les longues soirées de l'hiver, tous les doigts féminins de la famille, et fournissent au ménage la toile dont il a besoin.

Fɪɢ. 51. — Chanvre (pied mâle·)

Le chanvre (fig. 51) aime les climats doux, les sols meubles et profonds, et exige une bonne terre, abondamment fumée. Le fumier de cheval et celui de mouton paraissent lui convenir tout particulièrement.

Sa graine, nommée *chènevis*, se sème au printemps, de mars à juin, suivant le climat et la nature du sol.

La plante ne demande aucun soin durant le cours de sa végétation, et les mauvaises herbes n'envahissent jamais ou presque jamais le terrain qu'elle occupe, terrain que l'on appelle *chènevière*.

Le chanvre a des *pieds mâles* et des *pieds femelles*, qui ne mûrissent pas en même temps.

Pour avoir de la filasse de bonne qualité, il faut les récolter séparément: les pieds mâles d'abord, quand ils commencent à se faner, puis les pieds femelles, bien avant que leur graine soit mûre. Pour récolter le chanvre en deux fois, il est indispensable de disposer la chènevière en planches. Le chanvre récolté, on le met dans l'eau pour que la filasse se détache facilement du bois : c'est le *rouissage*. On le *broie* pour détacher de la chènevotte la *filasse*, qui est ensuite *peignée*, *filée* et enfin tissée, c'est-à-dire transformée en toile.

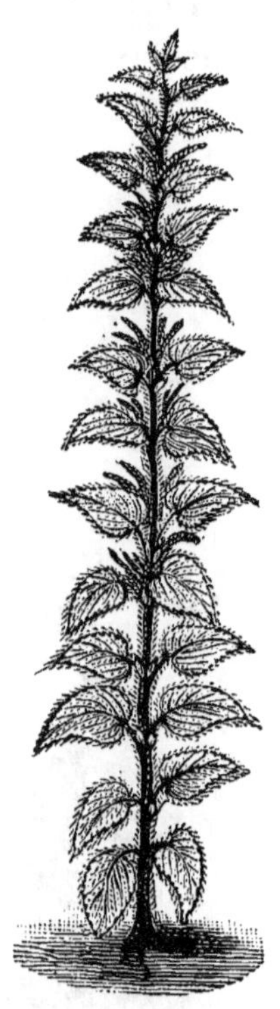

Fig 52.
Ortie commune ou grande ortie, ou ortie dioïque.

Le lin réclame aussi beaucoup d'engrais, un climat assez doux, un sol riche, profond, argileux et sableux à la fois.

On le sème au printemps pour le récolter en été avant qu'il soit mûr.

De même que le chanvre, il subit le rouissage, pour être *broyé*. La filasse est ensuite peignée, filée et tissée comme celle du chanvre, et donne une toile plus fine que celle de ce dernier.

Puisque la ménagère a charge de se munir de bon linge, disons-lui qu'elle peut, pour cela, se servir de l'*ortie commune* ou *grande ortie* (fig. 52) qui est abon-

dante partout, et de l'*ortie à pilules* (fig. 53) qui croît
dans la partie méridionale de la France, et au besoin

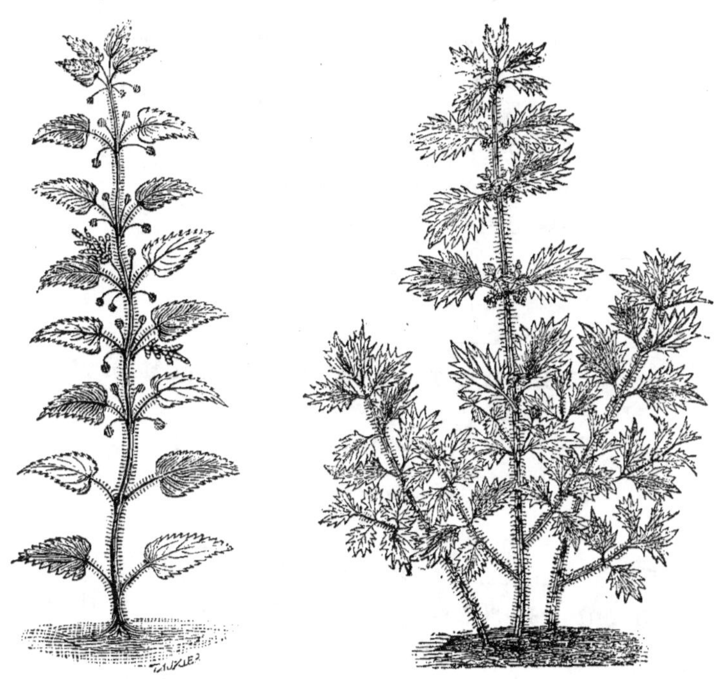

FIG. 53.—Ortie à pilules,
ou ortie romaine.

FIG. 54. — Ortie brûlante, ou petite
ortie.

de l'*ortie brûlante* ou petite ortie (fig. 54), qui se rencontre un peu partout, et envahit souvent les planches
du jardin.

La chanson du Rouet

54. — O mon cher rouet, ma blanche bobine,
Je vous aime mieux que l'or et l'argent !
Vous me donnez tout, lait, beurre et farine,
Et le gai logis, et le vêtement.
Je vous aime mieux que l'or et l'argent,
O mon cher rouet, ma blanche bobine !

O mon cher rouet, ma blanche bobine,
Vous chantez dès l'aube avec les oiseaux ;
Été comme hiver, chanvre ou laine fine,

Par vous, jusqu'au soir, charge les fuseaux.
Vous chantez dès l'aube avec les oiseaux,
O mon cher rouet, ma blanche bobine !

O mon cher rouet, ma blanche bobine,
Vous me filerez mon suaire étroit,
Quand, près de mourir et courbant l'échine,
Je ferai mon lit éternel et froid.
Vous me filerez mon suaire étroit,
O mon cher rouet, ma blanche bobine !

LECONTE DE LISLE.

Le verger et le jardin fruitier.

> Recule-toi de moi, et je donnerai
> pour toi et pour moi, dit un arbre à
> l'autre.

55. — Le *verger*, avons-nous dit, est l'*enclos* où se trouvent les *arbres à fruits* en *plein vent*. Il diffère du *jardin fruitier* en ce que les arbres qu'il renferme sont abandonnés à eux-mêmes tandis que ceux du *jardin fruitier* sont taillés chaque année, et prennent ainsi la forme qu'on veut leur donner.

Nous allons parler tout spécialement des arbres du *jardin fruitier*, à cause des soins qu'ils réclament. Tout le monde est capable de cultiver des arbres en plein vent.

Les bourgeons

56. — Un arbre se compose de plusieurs parties, dont les deux principales sont la racine qui s'enfonce dans la terre, et la tige qui s'élève dans l'air et donne naissance à des branches ramifiées.

Chaque branche porte à son extrémité, et sur différents points de sa surface, de petits corps qui ont la forme d'un *clou* de *toupie* (fig. 55). Ces corps se nomment *bourgeons* et renferment eux-mêmes des rameaux, des feuilles et des fleurs. Les bourgeons apparaissent dans le courant du printemps et de l'été, mais ne se développent pas aussitôt; ils restent *stationnaires* durant tout l'hiver, et *s'épanouissent* seulement au printemps suivant.

Si l'on examine une branche de poirier, on y distingue deux sortes de *bourgeons* : les uns *grêles et pointus*; les autres, plus gros, plus *renflés*. Les *bourgeons grêles* et pointus ne donnent naissance qu'à des rameaux et à des feuilles; on les appelle *bourgeons à lois*. Ceux qui sont *gros et renflés* donnent naissance à des fleurs et par suite à des fruits; aussi les nomme-t-on *bourgeons à fleurs* ou à *fruits*. On les appelle encore *boutons*. Quelques-uns de ces derniers renferment à la fois des fleurs et des feuilles : ce sont des *bourgeons mixtes*.

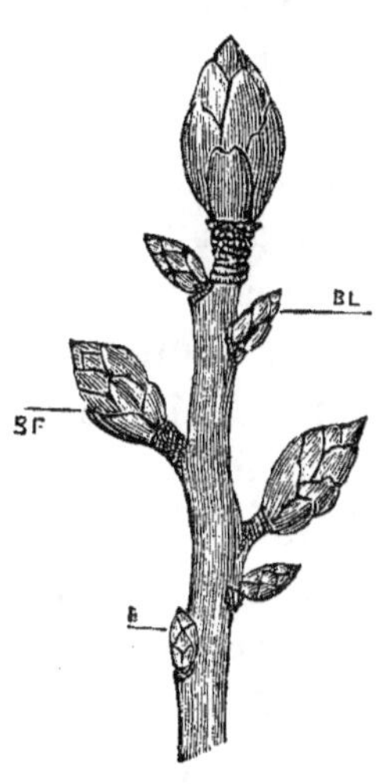

Fig. 55. — Branche de poirier avec bourgeons à fleurs BF, et bourgeons à bois BL.

Suivant la place qu'il occupe sur la branche, un bourgeon est dit *terminal* ou *latéral: terminal*, quand il est placé à l'extrémité du rameau, qu'il la termine en un mot; *latéral*, lorsqu'il est situé sur le côté, du latin *later*, *lateris*, côté.

LA TAILLE DES ARBRES

57. — Nous avons déjà dit que les arbres du *jardin fruitier* ne sont pas abandonnés à eux-mêmes, mais qu'ils sont *taillés*.

La *taille* consiste à supprimer l'extrémité des rameaux pour donner aux arbres une forme déterminée, et préparer de bonnes récoltes de fruits.

Un jardinier habile s'applique à provoquer la sortie des *bourgeons à fruits*. Pour procéder d'une manière sûre, il faut une assez longue pratique.

La taille se fait en hiver et au printemps, au moyen de la *serpette* et du *sécateur*. La *serpette* est un instrument tranchant et recourbé vers la pointe. Le *sécateur* est composé de deux branches croisées comme celles de vos ciseaux, et terminées chacune par une lame tranchante : l'une de ces lames est recourbée en forme de serpette, et l'autre arrondie en sens contraire.

On coupe aussi quelquefois avec les ongles l'extrémité des jeunes pousses de l'année. On leur enlève ainsi le bourgeon terminal. Cette opération se nomme le *pincement*. On la pratique pour empêcher le rameau de s'allonger, et pour forcer la sève à s'accumuler dans la partie conservée, et lui donner plus de force.

La *sève* est le *sang* des plantes, elle est indispensable à leur vie. C'est cette *eau* que l'on voit couler des branches de vigne que l'on coupe au printemps.

Outre le pincement, il y a encore d'autres opérations voisines de la *taille*, qui sont l'*ébourgeonnement*, l'*émondage*, l'*élagage*, et le *recepage*.

L'*ébourgeonnement* consiste à retrancher certains *bourgeons* mal placés pour donner à l'arbre une forme convenable, ou encore pour que la sève se porte sur certaines parties de préférence à d'autres.

L'*émondage* consiste à enlever les branches mortes.

On coupe aussi parfois des branches qui ne sont pas mortes, dans les arbres en plein vent, par exemple; c'est l'*élagage*.

Enfin, vient le *recepage* qui consiste à couper près du sol la tige d'une plante souffrante pour lui faire pousser des jets plus forts, afin d'en tirer plus de fruits.

Une bonne ménagère trouve toujours le moyen de soigner les arbres de son jardin.

5.

Principales formes que l'on donne aux arbres par la taille

58. — On ne donne pas la même forme à tous les arbres fruitiers que l'on taille. Ceux-ci se distinguent en *arbres sur tige* et en *arbres palissés*.

Les *arbres sur tige* sont ceux que l'on voit taillés les et isolés, le long des allées, et quelquefois aussi dans carrés.

Les *arbres palissés* sont ceux qui sont appliqués contre un mur ou un *treillage*.

Formes des arbres sur tige

59. — Les *arbres sur tige* sont dits en *fuseau* (fig. 56), quand ils ont les branches courtes avec celles du milieu un peu plus longues que les autres, de manière à rappeler la forme du fuseau dont se sert la fileuse à la quenouille.

Quand un arbre est taillé, de manière que ses branches soient à peu près de même longueur depuis le bas jusqu'en haut, on lui donne le nom d'*arbre en colonne.*

Fig. 56. — Fuseau.   Fig. 57. — Pyramide.

Si les *colonnes* ne sont pas laissées droites, mais si elles sont courbées et attachées à un fil de fer, on a des *arbres en cordons*. Ceux-ci rentrent dans la catégorie des *arbres palissés*.

Si l'on taille de façon que les branches aillent en diminuant régulièrement de bas en haut, on a un *arbre en quenouille* ou en *pyramide* (fig. 57). Sa forme rappelle un peu celle d'un pain de sucre.

On peut aussi disposer les branches en rond, et les fixer à des cerceaux à l'aide de brins d'osier : la plante ressemble alors à un *verre à pied*, à un *gobelet*.

A cause de cette disposition des branches, on a

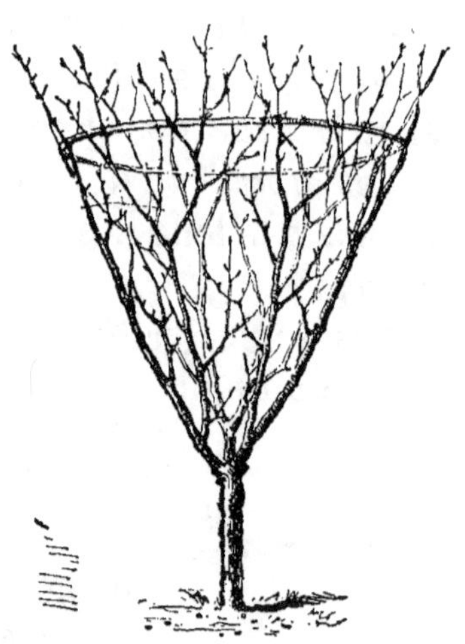

FIG. 58.—Groseillier taillé en vase.

donné à cette forme le nom de *forme en gobelet* ou *en vase* (fig. 58).

Cette disposition des branches est très favorable au développement de la plante, car l'air et la lumière circulent facilement entre elles de tous les côtés. De plus, les fruits mûrissent très bien, sont faciles à récolter, et l'on ne risque pas d'*abîmer* l'arbre.

Arbres palissés

60. — Les *arbres palissés* sont placés le plus souvent contre un mur exposé au soleil, en plein midi.

On appelle *espaliers* ceux qui sont immédiatement fixés contre un mur, et *contre-espaliers* ceux qui sont attachés sur un *treillage* à quelque distance d'un mur, vis-à-vis d'un espalier, le long des allées, par exemple.

Les arbres palissés sont également susceptibles de

recevoir différentes formes, dont la *palmette* et le *cordon* sont les principales.

Le *cordon* (fig. 59) peut avoir deux dispositions différentes.

Il est *horizontal* quand il suit la direction de la sur-

FIG. 59. — Cordon horizontal.

face du sol, *oblique* lorsque la tige est seulement inclinée comme le dessus d'un bureau ou d'un pupitre.

Les *cordons* sont presque toujours établis le long des allées où ils gênent peu sans laisser de produire beaucoup.

Dans la *palmette* (fig. 60), les branches sont dirigées à droite et à gauche de la tige, et disposées en *éventail*.

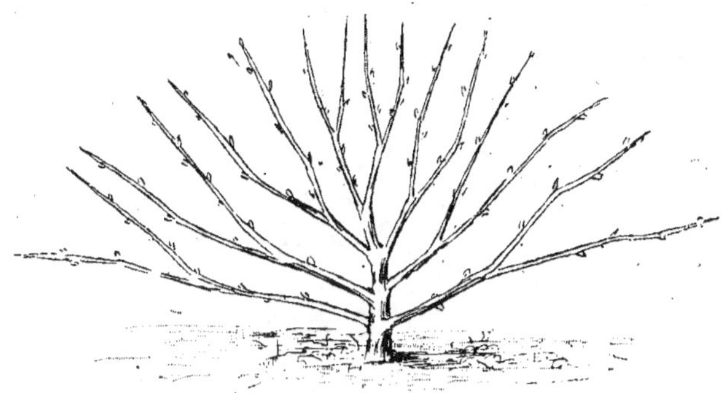

FIG. 60. — Palmette en éventail.

La *forme* la plus simple est celle où la tige monte droit, et où les branches sont dirigées *obliquement* ou *horizontalement*. C'est la *palmette simple*.

S'il y a deux branches principales et montantes qui portent d'autres branches *latérales*, soit *horizontales* soit *obliques*, on a une *palmette double*.

Par la *taille en palmette*, un jardinier habile

peut arriver à faire produire à un arbre des bou:geons
et par suite des branches à vo-
lonté, et obtenir ainsi des sujets
très curieux.

FIG. 61. — Lichens.

Il peut de même provoquer
spécialement la sortie de *bourgeons
à fleurs*, et forcer l'arbre à produire des fruits en assez grande quantité.

Des plantes appelées *lichens* (fig. 61) couvrent souvent le tronc et les branches des arbres fruitiers. Il sera
bon d'en débarrasser ces arbres.

Vigne à la Thomery

61. — Une des plus belles formes que l'on puisse
donner aux végétaux par la taille, est celle dite à la
Thomery (fig. 62), qui convient spécialement à la vigne.

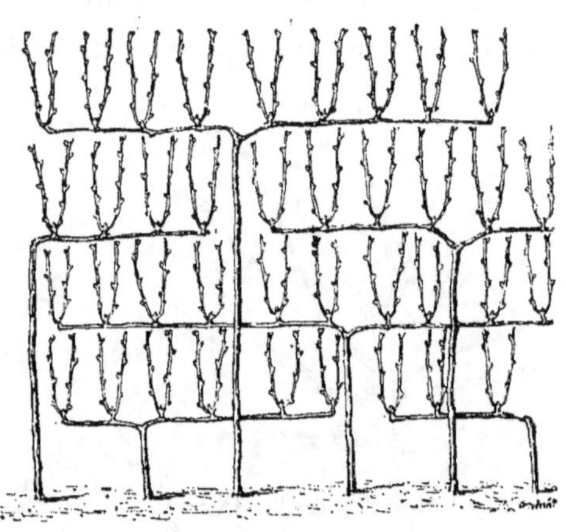

FIG. 62. — Vigne taillée et disposée à la
Thomery.

Le nom de
*taille à la Tho-
mery* vient de
ce qu'elle a été
pratiquée pour
la première fois
dans une loca-
lité de ce nom.

Thomery est
un village du
département de
Seine-et-Marne,
situé à deux
lieues de Fon-

tainebleau, où l'on cultive en grand le *chasselas* dit de
Fontainebleau.

Les pieds de vigne et les branches sont disposés de
manière à garnir complètement le mur ou le *treillage*,
et sans se nuire.

La vigne et le Vigneron

62. — La vigne se plaignait un jour au vigneron
De ce qu'il lui coupait maint et maint rejeton
Dont le feuillage épais et le bois inutile,
     Loin de la rendre fertile,
     Épuisaient sa vigueur.
     « Eh ! pourquoi donc, lui disait-elle,
     Me traitez-vous avec tant de rigueur ?
     Pour mon bien vous montrez du zèle,
     Je suis l'objet de vos sueurs.
Vous m'aimez, cependant vous m'arrachez des pleurs.
     L'amour est-il donc si sévère ?
— Que vous pénétrez peu dans mes intentions,
Lui répondit alors le prudent vigneron :
Vous croyez que ces coups partent de ma colère !
     Ah ! connaissez mieux mon dessein :
     Dans le mal que j'ai pu vous faire
Votre intérêt a seul guidé ma main ;
Si je ne coupais point tout ce bois inutile,
Vous ne tarderiez pas à devenir stérile ;
Au lieu qu'en vous faisant répandre quelques pleurs,
     Je vous rends beaucoup plus fertile,
Et de Bacchus, sur vous, j'attire les faveurs. »

MORALE :

C'est à vous jeunes gens, que ma fable s'adresse,
Connaissez à ces traits l'amour et la sagesse
De ceux qui veillent sur vos mœurs.
S'ils vous font quelquefois éprouver leurs rigueurs,
Ce n'est pas que pour vous ils manquent de tendresse :
Ils cherchent seulement à vous rendre meilleurs.

REYRE.

DE LA MULTIPLICATION DES ARBRES FRUITIERS

63. — Lorsqu'on veut rendre un nombre plus grand qu'il n'est, on le *multiplie*. Il en est de même pour les plantes.

Si l'on veut en augmenter le nombre, il faut avoir recours à la *multiplication*. C'est ce que nous faisons en prenant dans une touffe d'artichaut des *œilletons* pour les planter ailleurs; c'est encore ce que nous faisons quand nous semons des graines de plantes potagères ou autres.

Les arbres et tous les autres végétaux se *multiplient* d'eux-mêmes, sans le secours de l'homme. Leurs graines tombent sur la terre où elles *germent*. De nouvelles plantes se développent ainsi, et la *multiplication* ou *reproduction* des végétaux est effectuée. Mais on ne peut pas toujours se contenter de cela.

Il faut aussi en semer les graines quelquefois. L'endroit où l'on sème ces graines est la *pépinière*.

Les *jeunes arbres* et les *arbrisseaux* qui garnissent une pépinière, sont nés à la place même qu'ils occupent, ou dans un terrain voisin. Mais la plupart des *arbres fruitiers* provenant de *graines*, de *semis*, comme le pommier et le poirier, par exemple, ne donnent que des fruits très petits, généralement durs et peu succulents.

On les appelle des *arbres sauvages* ou des *sauvageons*.

Pour obtenir ces belles pommes et ces belles poires que nous aimons tant, il faut avoir recours à un autre mode de *multiplication*, lequel exige presque toujours du temps et des soins.

Prenons un exemple:

Si nous semions des graines des *pommes rainettes*, si grosses et si bonnes, qui sont dans nos jardins, les arbres qui en proviendraient, seraient des *sauvageons* couverts de *piquants* ou *épines*, et donneraient des *fruits* détestables au goût.

Il faudrait une longue suite d'années et des soins assidus, pour transformer ces pommiers couverts d'*épines* en arbres sans piquants, et leur faire porter de *bons fruits*. Mais on a trouvé un moyen bien plus rapide pour obtenir cette *transformation* des *sauvageons :* c'est la *greffe.*

Parmi les nombreux modes de *multiplication* des végétaux, autres que les *semis*, nous parlerons seulement des plus connus, qui sont le : *bouturage*, le *marcottage*, et la *greffe.*

Le bouturage

64. — Si l'on coupe une branche à un arbre et qu'on la plante pour lui faire prendre racine, on a une *bouture*. Une *bouture* est donc une branche coupée et plantée.

Ainsi pour *bouturer*, il suffit de séparer d'un végétal un rameau garni de bourgeons, et de le planter.

Le *bouturage* est donc un mode très simple de *multiplier* les végétaux.

Il ne réussit pas toujours, mais il manque rarement.

On le pratique souvent pour la vigne et certaines autres plantes.

Le *bouturage* vous permettra, mes petites amies, de vous procurer certaines plantes dont vous ne pourriez obtenir qu'une toute petite branche.

Le marcottage

65. — Quelquefois on creuse dans la terre un trou dans lequel on couche un rameau d'une plante située à côté. On comble ensuite le trou avec de la terre. Le rameau n'est pas séparé du végétal dont il fait partie, et l'extrémité sort de terre.

Ce rameau ainsi mis en terre et non séparé de la plante sur laquelle il s'est développé, prend le nom de *marcotte* (fig. 63), et l'opération celui de *marcottage*.

Le *marcottage* est plus avantageux que le bouturage, car le rameau ne peut manquer d'émettre des racines, à la partie située dans le sol, attendu qu'il continue à recevoir de la sève du végétal auquel il appartient, et que l'on nomme *plante-mère* ou *nourrice*.

Au bout d'un an ou deux, alors que les racines sont bien formées, on sépare la *marcotte* de sa *nourrice* et l'on peut, soit la laisser pousser à la place même où elle se trouve, soit la transplanter ailleurs.

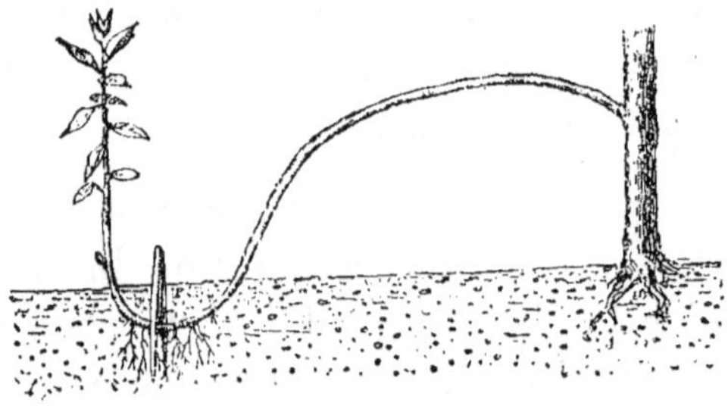

Le *marcottage* s'opère

FIG. 63. — Marcotte.

quelquefois de lui-même, comme cela a lieu pour le fraisier, dont les *coulants* émettent des racines aux nœuds.

Le *marcottage* de la vigne porte le nom de *provignage* ou de *provignement*, et la branche mise en terre s'appelle *provin*.

Si la branche que l'on veut *marcotter* ne peut être couchée, on l'entoure de terre et de mousse, que l'on maintient avec des planches, ou une feuille de tôle. Cette terre constamment tenue humide par des arrosages, favorise le développement de racines sur la branche que l'on sépare de l'arbre l'année suivante.

Le *marcottage* se fait généralement au printemps.

Il permet très souvent de faire passer une branche de vigne d'un côté à l'autre d'un sentier.

Il suffit alors de creuser une rigole en travers du

sentier et d'y coucher la branche que l'on recouvre de terre en en redressant l'extrémité.

La greffe ou ente

> J'ai planté ce verger. Ce n'est pas que j'espère
> De mes greffes voir les produits ;
> Mais je songe qu'un jour, en bénissant leur père,
> Mes enfants cueilleront mes fruits.

66. — Nous arrivons enfin au mode de *multiplication* que l'on nomme *greffe*.

La *greffe* consiste à *implanter* et à faire croître une partie d'un végétal sur un autre végétal. Le rameau que l'on *implante* doit porter quelques bourgeons, deux, par exemple. On se contente quelquefois d'un seul bourgeon adhérent à un lambeau d'écorce. Le rameau auquel on donne ainsi comme une nouvelle *mère-nourrice*, porte le nom de *greffon*, et la plante qui le reçoit se nomme *sujet*.

Dans les *arbres fruitiers*, le sujet est le plus souvent un *sauvageon*.

La *greffe* a pour but de conserver et de propager rapidement les *bons fruits* et les *belles variétés de fleurs*. Elle sert aussi à faire produire de bons fruits à un végétal qui n'en produisait que de mauvais, et de belles fleurs à une plante qui n'en donnait que de communes.

Le *greffon* et le *sujet* doivent appartenir à la même espèce ou à deux espèces voisines.

Pratiquer la greffe, cela s'appelle *greffer* ou *enter*.

Olivier de Serres a dit : « *Après avoir planté les arbres, convient les enter, pour les affranchir, si jà ne l'ont esté, de la bastardière, ou qu'on les vueille réenter pour le raffinement du fruit : ce qu'en plusieurs manières l'on fait.* »

Il existe en effet plusieurs sortes de greffes, dont les

principales sont : la *greffe en fente*, la *greffe en couronne*, la *greffe en écusson*, la *greffe par approche*, la *greffe en sifflet* ou *en flûte*, etc.

Greffe en fente

67. — Elle est ainsi nommée parce qu'on *fend* une branche ou la tige du *sujet* sur lequel on veut *implanter* le *greffon* (fig. 64).

Elle se pratique à la fin de l'hiver avant que les bourgeons soient développés. Pour greffer, on commence par *couper le sujet en travers* avec une scie; puis on fait une *fente* dans laquelle on met un petit coin en bois pour la tenir ouverte. On prend ensuite une petite branche dont on rogne l'extrémité en ayant soin de lui laisser des *bourgeons* appelés *yeux;* on la taille par en bas, en l'amincissant pour l'introduire dans la *fente du sujet.*

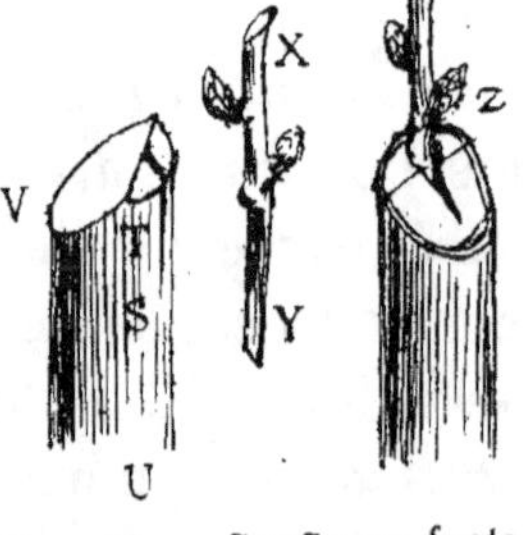

Fig. 64. — Greffe en fente. U, sujet; V, coupe du sujet; ST, fente destinée à recevoir le greffon XY; Y partie du greffon taillée en lame de couteau pour être introduite dans la fente ST; Z, greffon en place.

Il faut que l'écorce du *sujet* et celle du *greffon* soient bien en contact, pour que la sève du premier puisse nourrir le second, et souder les deux parties l'une à l'autre.

On ligature avec de la laine, pour maintenir le *greffon* en place; on y met de la *cire à greffer*, pour empêcher la chaleur de sécher le bois qui a été mis à nu par les outils.

Dans certaines campagnes, on entoure la *greffe* de terre grasse ou *argile*, puis on enveloppe le tout de mousse retenue par un brin d'osier, ou par tout autre lien.

Greffe en couronne

68. — La *greffe en couronne* ressemble un peu à celle

en fente, et se pratique de la même manière et à la même époque. Elle est ainsi nommée, parce qu'on dispose plusieurs *greffons* autour du *sujet*, et n'est guère pratiquée que sur des tiges ou des branches un peu grosses.

On la fait encore de la manière suivante : on scie ces branches en travers comme dans le premier cas ; puis, sans fendre le bois, on soulève l'écorce sur plusieurs points de la coupe, à l'aide d'un morceau de bois dur taillé en pointe, ou d'un instrument spécial. On enfonce, sous chaque partie d'écorce soulevée, un *greffon* taillé longuement en forme de *sifflet*, c'est-à-dire en *bec de plume*.

On recouvre encore le tout de cire pour empêcher la dessication des parties entamées.

Les *greffes en fente* et *en couronne* sont encore dites *en scion*, parce que, en *arboriculture*, on donne le nom de *scions* aux jeunes pousses des arbres.

Greffe en écusson

69. — La *greffe en écusson* (fig. 65) réclame de grandes précautions.

On fend l'écorce du *sujet* en long et en travers, de manière à figurer un T ; puis de chaque côté de la *fente* ou *incision*, on passe l'extrémité amincie d'un petit *coin* en bois dur sous l'écorce pour la détacher du bois. Ensuite, on y introduit une plaque d'écorce portant au milieu un *œil* ou *bourgeon*.

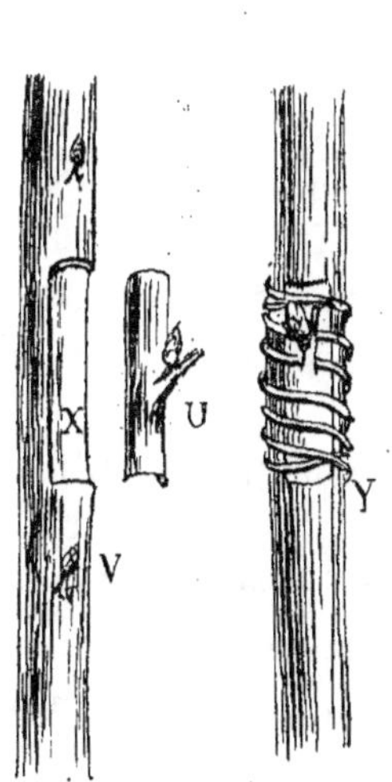

Fig. 65. — Greffe en écusson.

V. sujet avec plaque d'écorce enlevée en X, pour être remplacée par l'écusson U ; — Y, greffe terminée.

Cette plaque d'écorce, qui est le *greffon*, et à laquelle adhère un peu de bois, se nomme *écusson*, d'où le nom de *greffe en écusson*.

Comme les autres sortes de greffes, celle-ci se pratique au printemps, ou bien en été, dans les mois de juillet et août.

La greffe en écusson peut encore se faire de la manière suivante : on enlève sur le *sujet* une plaque d'écorce, que l'on remplace par un écusson de même forme et de mêmes dimensions. C'est ce que représente la figure 65.

Greffe par approche et greffe en sifflet

70. — On voit quelquefois deux branches qui, en poussant l'une à côté de l'autre, ont fini par se *souder* et n'en *former qu'une seule*. Ce qui s'est produit entre ces deux branches est encore une sorte de *greffe*, nommée *greffe par approche*. On la pratique souvent sur les *pommiers en cordon*, situés le long des allées du jardin (voir fig. 59).

Lorsqu'une tige est suffisamment longue pour toucher à la tige suivante, on *entaille* un peu les deux à l'endroit où elles se touchent ; on les lie ensemble et la *greffe par approche* est faite. Elle a l'avantage de ne jamais manquer et se pratique en tout temps.

La *greffe en sifflet* est ainsi nommée parce qu'on taille le *sujet* et le *greffon* en forme de sifflet. On applique l'une contre l'autre les deux parties taillées que l'on maintient en place au moyen d'une ligature en laine.

Il faut nécessairement que le *sujet* et le *greffon* soient de même grosseur.

Cette greffe, dite aussi *en flûte*, se pratique sur des sujets jeunes, sur des pieds venus de graines, par exemple.

La greffe est plutôt le fait de l'homme que celui de la femme ; mais il est bon cependant que la ménagère connaisse cette utile opération. D'ailleurs c'est un travail minutieux auquel la femme peut se livrer sans craindre de sortir de ses attributions.

La greffe demande parfois toute la patience de la ménagère, et toute la dextérité de ses doigts féminins.

L'invention de la greffe

71. — Appliquez-vous ensuite à cet art admirable,
Qui donne au sauvageon droit d'entrée au verger.
De l'art d'*enter* voici l'origine : Un berger,
En train de restaurer sa petite chaumière,
Introduisit le bout d'une branche fruitière
Dans le tronc d'un buisson scié tout récemment ;
La sève en ce rameau tenant lieu d'aliment,
Il reçut du buisson une nouvelle vie ;
De là de ce bel art la pensée est sortie.
On *ente*, vous savez, de plus d'une façon,
Par exemple en trompette, en fente, en écusson :
Choisissez, et, malgré l'opinion commune,
Gardez-vous, pour *enter*, de consulter la lune.
De ce vieux préjugé ne soyez plus imbus ;
Tout sage horticulteur en reconnaît l'abus.
Qu'elle soit jeune ou vieille, invisible, apparente,
La lune à vos travaux est fort indifférente ;
Seulement chaque année, amis, rappelez-vous
Qu'il faut pour ce travail des jours calmes et doux.

A. PEYRAMALE.

Les fruits

72. — A une certaine époque de l'année, généralement au printemps, les arbres, et bien d'autres plantes encore, se couvrent de fleurs. C'est une belle saison, et qui paraît d'autant plus agréable qu'elle succède au triste hiver. Les enfants l'aiment beaucoup ; mais il en est une qu'ils préfèrent cent fois : c'est celle des fruits.

On a bien sujet de se réjouir quand, au printemps, on voit les arbres se couvrir de fleurs ; c'est qu'alors on a l'espoir d'y cueillir plus tard des fruits ; car, *sans fleurs, pas de fruits.*

Si, pour le moment, nous laissons de côté certaines *plantes potagères*, comme les pois, les haricots, les fèves, etc., nous pouvons diviser les *fruits* en trois groupes ou *catégories*, dont la *pomme*, la *pêche* et le *raisin* sont des exemples : ce sont les *fruits à pépins*, les *fruits à noyau* et les *baies*. Les baies sont aussi des fruits à pépins.

FRUITS A PÉPINS

73. — Si l'on coupe par le milieu une *pomme* (fig. 66) ou une *poire* (fig. 67), on trouve à l'intérieur plusieurs petites *graines* nommées *pépins*. Aussi appelle-t-on ces deux fruits, et tous ceux qui présentent ce même caractère, *fruits à pépins*, tels que le *coing*, l'*orange*, etc.

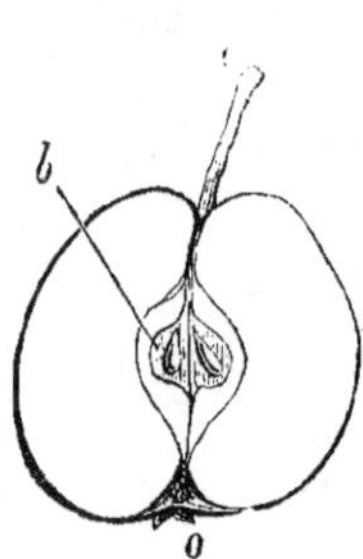

Fig. 66. — Pomme coupée en long par le milieu.

B, pépins; O, œil.

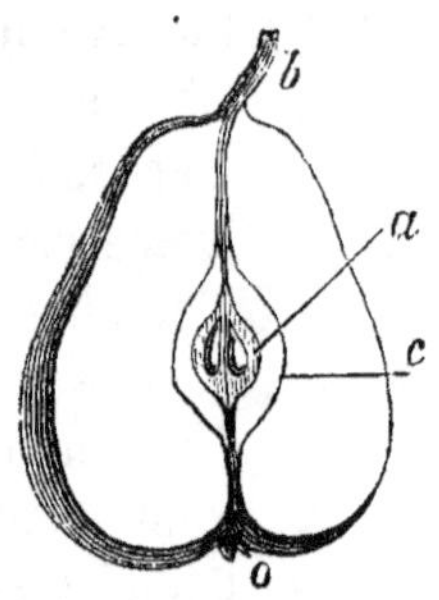

Fig. 67 — Poire coupée en long.

B, queue ou pédoncule ; O, œil ou sommet du calice.

Ces fruits se mangent en nature et servent à faire du *sirop* et de la *confiture*, principalement le *coing*.

Le sirop et la confiture de coing sont rafraîchissants.

L'*orange* est également rafraîchissante ; mais elle ne vient que dans les pays chauds. En France, on en récolte dans l'extrême midi seulement, dans quelques régions privilégiées, sur les bords de la Méditerranée.

L'orange sert à faire un sirop que l'on nomme ordinairement *liqueur d'orange*, et pour laquelle on peut employer tout le fruit ou seulement l'*écorce*. Le *citron* est souvent employé avec l'orange. D'ailleurs, ces deux fruits sont très proches parents, car l'*oranger* est une *espèce* du *genre citronnier*.

Voici une petite poésie sur la fleur de l'oranger, que l'on met aux couronnes de mariées.

> Fleur d'oranger, fleur d'innocence,
> Touffe neigeuse et fruit doré,
> De moi, par ma parure blanche,
> L'on fit un symbole sacré.
> Aussi de mes rameaux sans tache,
> Sur un front fier, tout en tremblant,
> La jeune fiancée attache
> Son voile blanc.

D'après L. LALUYÉ.

Les pommes et les poires sont utilisées de bien des manières. Celles qui sont agréables au goût se mangent comme *fruits de table*; celles qui sont acides et amères servent à la fabrication d'une boisson saine et rafraîchissante et que l'on fabrique dans toutes les parties de la France, mais principalement en *Normandie*, en *Bretagne*, dans la *Creuse*, les *Ardennes*, etc.

Cette boisson se nomme *cidre* quand elle est faite avec des pommes, et *poiré* quand elle est faite avec des poires.

Le cidre de Normandie est de beaucoup le plus estimé.

Par la culture, et des soins intelligents, on a obtenu une foule de variétés de pommes et de poires.

Ces deux fruits sont une précieuse ressource pour la ménagère qui peut en confectionner de la *gelée*, de la *compote*, des *tartes et des pâtés*.

Les poires et les pommes cuites au four et aplaties avant la cuisson parfaite, soit en les pressant entre les doigts, soit en les *tapant* à l'aide d'un petit battoir, sont appelées *poires tapées*, *pommes tapées*, et se mangent en hiver, en tartes ou en compote.

Mais le plus souvent on coupe les pommes en *quartiers* avant de les mettre au four.

FRUITS A NOYAU

Les prunes

74. — *La pêche* (fig. 68) ne renferme qu'une *graine*, appelée *noyau* : c'est donc un *fruit à noyau*, de même que les *prunes*, les *cerises*, les *amandes*.

Les variétés de prunes obtenues par la culture sont assez nombreuses. Les principales sont : la *reine Claude*, la *prune* d'Agen, la *Mirabelle*, la *prune de Damas*, etc.

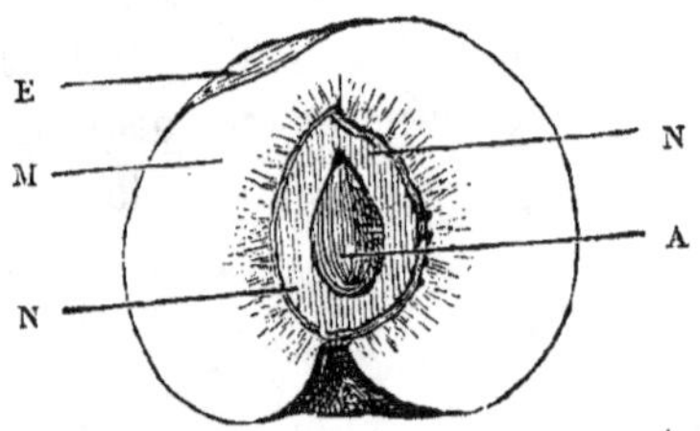

Fig. 68. — Pêche coupée par le milieu.
A, amande; N, noyau; M, chair du fruit; E, peau du fruit.

Les prunes servent à faire des *tartes*, des *confitures*, de la *compote*, et se mettent à l'eau-de-vie. Séchées au four, elles prennent le nom de *pruneaux*.

Les pruneaux sont rafraîchissants, et sont une précieuse ressource en hiver, alors que les fruits verts sont devenus rares ou font complètement défaut.

Le *prunier*, dont ont connaît plus de trois cents variétés, est presque toujours cultivé en plein vent.

Les pêches et les amandes

75. — Le *pêcher*, originaire de l'Asie, est un arbre dont les fruits sont assez recherchés. Il réussit parfaitement en plein vent; aussi le plante-t-on souvent dans les vignes, surtout dans les pays où le climat n'est pas trop froid, en Bourgogne, par exemple. Dans certaines régions, il faut le placer à une bonne exposition. La meilleure est celle du sud-est.

Il y a quatre variétés principales de *pêches* :

1º Les *pêches proprement dites*, à peau couverte d'un fin duvet, et dont la *chair* se sépare facilement du *noyau ;*

2º Les *pêches lisses*, dont la *chair* présente les mêmes caractères, mais qui ont la peau lisse ;

3º Les *brugnons*, qui ont également la *peau lisse*, et dont la *chair*, ferme, est adhérente au *noyau ;*

4º Les *Pavies*, dont la chair est également ferme et adhérente au *noyau*, mais qui ont la peau couverte de duvet comme celle des *pêches proprement dites*.

Les *abricots* se rangent à côté des pêches, car l'*abricotier* est très proche parent du pêcher, et se cultive de même.

On en confectionne des *marmelades* fort appréciées.

L'*amandier*, dont on ne mange que l'*amande* du *noyau* après avoir cassé celui-ci, est encore un arbre de la même *famille*. La *chair du fruit* de l'amandier n'est pas comestible comme celle des *prunes*, des *pêches* et des *cerises*, dont le *noyau* renferme cependant aussi une *amande*, laquelle sert à fabriquer le sirop rafraîchissant nommé *orgeat.*

La *chair* du fruit est la partie que nous mangeons habituellement, et qui est immédiatement sous la *peau*. Enlevez la peau d'une pomme, d'une poire ou d'une pêche, il reste la *chair* qui entoure les graines ou la *graine*, *pépins* ou *noyau*. On dit encore la *pulpe* pour désigner la *chair* de certains fruits, comme les *groseilles* et les *raisins*, par exemple.

Le symbole de l'amandier est « étourderie ». C'est, vous le voyez, la même chose que pour les enfants.

L'amandier est, en effet, l'arbre qui fleurit le premier parmi tous nos arbres fruitiers, et nous réjouit par sa belle parure quand tous ses voisins ne nous montrent encore que leur écorce rugueuse et crevassée. Mais aussi qu'arrive-t-il le plus souvent? C'est que ses fleurs sont gelées, et alors? alors, rappelez-vous les paroles que je vous ai déjà citées : *sans fleurs, pas de fruits.*

L'amandier n'attend pas toujours le printemps pour fleurir. Il le fait souvent en plein hiver.

Vous voyez, mes enfants, que le mot *étourderie* est assez bien choisi pour le symboliser.

Voici, à propos de cet arbre, quelques vers de Lamartine, poète français, mort en 1869 :

> De l'amandier, tige fleurie,
> Symbole, hélas ! de la beauté,
> Comme toi, la fleur de la vie
> Fleurit et tombe avant l'été.
> Un jour tombe, un autre se lève ;
> Le printemps va s'évanouir ;
> Chaque fleur que le vent enlève
> Nous dit : hâtez-vous d'en jouir.

Les cerises

76. — Le *cerisier* est cultivé dans toute la France, et se trouve dans les bois et les haies à l'état sauvage.

On le *palisse* quelquefois dans les *jardins fruitiers*; mais le plus souvent il croît abandonné à lui-même dans les champs, les haies, les bois.

Il y a aussi plusieurs variétés de cerises, mais toutes celles que l'on mange proviennent de deux espèces sauvages. Et ce sont les *merises*, fruits des *cerisiers sauvages* ou *merisiers*, qui servent à fabriquer la *liqueur* qu'on appelle *eau-de-cerises* ou *kirsch*, de l'allemand *kirsche* qui veut dire *cerise*.

Le *kirsch* de la *Forêt-Noire*, en *Allemagne*, est très renommé.

Les cerises, saines et rafraîchissantes, sont employées à faire des tartes, et se mettent à l'eau-de-vie comme les prunes. On en fait aussi des marmelades, des compotes, des confitures, du ratafia.

On peut aussi les sécher. Après avoir choisi celles qui sont bien saines, on les étend sur des claies que l'on met dans le four, lorsqu'on en a retiré le pain. Quand elles sont à moitié cuites, on les retire et on les expose à l'air. Après 8 à 10 heures d'exposition à l'air, on les remet au four pour en achever la dessication.

On peut, pour profiter de la chaleur du four, y mettre des claies à mesure que l'on retire celles qui y étaient déjà.

Le cerisier a pour symbole « bonne éducation » ce qui veut dire sans doute qu'il a bien profité des soins qu'on lui a donnés.

Le fruit du merisier ou cerisier sauvage est d'un goût détestable ; mais la culture l'a transformé en un fruit délicieux. Cet arbre s'est donc soumis, et c'est probablement cette soumission qui a donné lieu à la chanson suivante, que l'on peut appeler la *chanson du cerisier* :

Au printemps, le bon Dieu dit : « Qu'on mette la table du petit ver ! » — Aussitôt le cerisier pousse feuilles sur feuilles, mille feuilles fraîches et vertes.

Le petit ver, qui dormait dans sa maison, s'éveille, s'étend, ouvre sa petite bouche et frotte ses yeux engourdis. Puis il se met à ronger tranquillement les petites feuilles, en disant : « On ne peut s'en détacher, qui donc m'a préparé un tel festin ? »

Alors le bon Dieu dit de nouveau :

« Qu'on mette la table de la petite abeille ! » — Aussitôt le cerisier pousse fleurs sur fleurs, mille petites fleurs fraîches et blanches.

Et l'abeille matinale l'a vu dès l'aurore, et les premiers rayons du soleil l'y conduisent. « Allons boire mon café, se dit-elle ; il est versé dans une si précieuse porcelaine ! »

Que les tasses sont propres et belles ! Elle y trempe sa petite langue, et, tout en buvant s'écrie : « La délicieuse boisson ! On n'y a pas épargné le sucre. »

L'été vient et le bon Dieu dit : « Qu'on mette la table du petit oiseau ! » Et le cerisier se couvre de mille fruits frais et vermeils.

« Ah ! ah ! s'écrie le petit oiseau, voilà qui tombe bien ; j'ai bon appétit : cela donnera de nouvelles forces à mes ailes et à ma voix, et je pourrai entonner une nouvelle chanson. »

A l'automne, le bon Dieu dit : « Enlevez la table, tous sont rassasiés. » — Et le vent froid des montagnes se met à souffler et fait grelotter l'arbre.

Les feuilles deviennent jaunes et rouges et tombent une à une ; et le vent, qui les a jetées à terre, les enlève de nouveau et les fait voltiger dans l'air.

Voici enfin l'hiver, et le bon Dieu dit : « Recouvrez-moi ce qui reste ! » — Et les tourbillons de vent amènent les flocons de neige, et toute la nature se repose dans le sommeil.

HEBEL.

Vous voyez, mes chères amies, combien le cerisier a toujours bien obéi. Puissiez-vous en faire autant.

Marmelade et compote d'abricots, de prunes, de poires, de pommes, de pêches, de cerises, de coings

77. — La *marmelade* de ces différents fruits se prépare de la manière suivante :

On ouvre les fruits pour en enlever les noyaux ou les pépins, puis on les met sur le feu dans une bassine, en y ajoutant autant de livres de sucre qu'il y a de livres

6.

de fruits, et l'on remue le tout pour l'empêcher de brûler.

On casse une partie des noyaux pour en retirer les *amandes* que l'on débarrasse de leur *peau* et que l'on jette dans l'eau bouillante. Puis, coupées en tranches, ces amandes sont mises dans la bassine un peu avant de la retirer du feu. On met ensuite la marmelade dans des compotiers ou des pots, en ayant soin que les tranches d'amandes soient réparties dans les différents vases.

Pour faire de la *compote* avec ces mêmes fruits, on leur ôte la peau et les graines, puis on les fait cuire dans un peu d'eau. Si l'on peut avoir de la cannelle, il est bon d'en ajouter. Puis on sucre suivant la volonté.

Confiture d'abricots et de pêches

78. — Pour faire de la *confiture d'abricots*, on choisit des fruits qui ne soient pas complètement mûrs ; on les fend un peu, juste assez pour en retirer le noyau. On met dans une bassine autant de kilogrammes de sucre et de demi-litres d'eau que l'on veut employer de kilogrammes de fruits, et l'on fait cuire au *grand boulé* : ce qui donne un sirop.

Pour vous assurer qu'un sirop est cuit *au boulé*, opérez de la manière suivante : trempez l'écumoire dedans et la retirez aussitôt, puis soufflez à travers les trous ; s'il s'amasse des globules derrière ces trous, le sirop est cuit au *petit boulé* ; si ces globules se détachent et s'envolent comme des bulles de savon, le sirop est cuit au *grand'boulé*.

On place ensuite des abricots dans ce sirop, de manière à en garnir le fond de la bassine ; on active le feu et l'on retourne les fruits. Dès que les abricots cèdent facilement sous la pression des doigts, qu'ils sont transparents, il faut retirer la bassine du feu.

Avec une fourchette, on prend alors les fruits un à un, et en dessous, pour les ranger dans des pots.

Quand tous les abricots, que l'on veut employer, ont subi cette opération, on fait cuire de nouveau au *grand boulé* le sirop que l'on verse bouillant dans les pots remplis de fruits, en le passant à travers un tamis.

La confiture de pêches se fait de la même manière.

Confiture de cerises

79. — Pour faire de la *confiture de cerises*, on prend des cerises bien mûres, mais non *tournées*.

Tourné se dit ici d'un fruit gâté, altéré, qui commence à se décomposer.

On enlève les queues et les noyaux, puis on met les fruits sur le feu avec un égal poids de sucre.

Le mélange doit être remué très souvent pour que les cerises ne s'attachent pas au fond de la bassine.

Quand ce mélange a bouilli pendant trente minutes environ, on le retire du feu pour le mettre en pots.

Si l'on met moins de sucre que de fruits, il faut faire bouillir plus longtemps.

On ajoute quelquefois aux cerises, du jus de groseilles rouges, et la confiture n'en est que meilleure.

Gelée de pommes, d'abricots, de pêches, de poires, de coings

80. — Pour faire de la gelée avec ces fruits, on les pèle et on les coupe en *quartiers* minces en ôtant le *cœur*, on les jette à mesure dans l'eau pour qu'ils se conservent *blancs*, car les fruits, coupés et exposés à l'air, noircissent vite et perdent une partie de leur saveur. Ces quartiers sont ensuite mis dans une bassine où ils doivent baigner dans l'eau. S'il est possible, il sera bon d'ajouter le jus d'un citron pour vingt ou trente pommes, suivant la grosseur de celles-ci.

Quand les quartiers sont un peu ramollis, on les

retire pour en passer le jus sans presser la pomme. On ajoute ensuite trois livres de sucre pour quatre livres de jus, et l'on fait cuire pendant environ un quart d'heure.

Ce qui reste du fruit peut être mis en compote.

Si l'on remplace le jus d'un citron par *un petit verre de rhum*, on a de la *gelée au rhum*.

La *gelée à la rose* est celle où l'on a remplacé le rhum ou le jus de citron par quelques gouttes d'essence de rose. Si, enfin, c'est du jus d'orange ou la peau râpée de ce fruit, qu'on ajoute, la gelée est dite *à l'orange*.

Compote de châtaignes dite compote de marrons

81. — Les châtaignes peuvent également servir à faire de la compote, qui est généralement connue sous le nom de *compote de marrons*, sous prétexte que les châtaignes sont souvent appelées *marrons*.

Voici comment on procède. On enlève la *grosse peau* des châtaignes que l'on fait cuire ensuite dans de l'eau avec un peu de sel. Quand elles sont bien cuites, mais avant qu'elles s'écrasent, on les débarrasse de la *petite peau*, en ayant bien soin de ne pas les écraser ni les casser. Puis on les met cuire à nouveau dans un sirop de sucre. On les verse ensuite sur un compotier ou sur un plat, en ayant soin de les arroser de deux ou trois cuillerées de rhum.

Bien que les châtaignes se conservent assez bien naturellement, elle finissent cependant par s'altérer à la longue.

Il existe différents moyens de prévenir cette altération, dont l'une des plus simples, est la suivante, indiquée par Parmentier, le propagateur de la pomme de terre.

On les fait bouillir pendant 15 ou 20 minutes dans

l'eau ; on les expose ensuite à la chaleur du four, une heure après en avoir retiré le pain ; puis on les conserve dans un lieu très sec.

Pour s'en servir ensuite, on les expose pendant 24 heures à l'humidité, ou bien, on les fait chauffer soit à la vapeur, soit au bain-marie.

On peut encore les faire sécher sur des claies dans le four où le pain a cuit.

Les nèfles

82. — Nous avons dit que les *fruits à noyau* renferment une seule graine ; mais quelques-uns font exception, les *nèfles*, par exemple, qui ont *cinq noyaux*, et *cinq noyaux osseux* comme celui de la pêche et de la cerise.

Les nèfles ne sont bonnes à manger que lorsqu'elles sont *blettes*, c'est-à-dire lorsque leur chair est ramollie. Elles sont astringentes, et propres à arrêter le *cours de ventre*.

Glacées au sucre, elles sont assez agréables au goût.

FRUITS EN BAIE

83. — Les *fruits en baie*, ou simplement *les baies*, sont ceux dont les graines, les pépins, sont disséminées dans la chair du fruit, dans la *pulpe*, comme on dit le plus souvent : tels sont la *groseille*, les *grains* de raisin, etc.

FIG. 69. — Groseille à grappes, à fruit blanc.

Les groseilles

84. — Les *groseilliers* sont des *arbrisseaux* peu élevés qui croissent dans les bois et sur les montagnes. Il y en a trois espèces assez répandues dans les jardins, et assez estimées pour leurs fruits appelés *groseilles* ; ce sont :

1º Le *groseillier à grappes* (fig. 69) dont une variété a

les *baies* rouges, et l'autre, *blanches*. Ses fruits servent à faire des *confitures*;

2° Le *groseillier noir*, plus connu sous le nom de *cassis*, dont les baies noires sont disposées en *grappes* comme dans le précédent. Ces *baies* sons utilisées pour la fabrication d'une liqueur fort estimée, également nommée *cassis ;*

3° Le *groseillier épineux*, ainsi nommé parce qu'il porte des *épines*. Il donne de gros fruits allongés, isolés et couverts de poils raides et piquants. Il est encore appelé *groseillier à maquereau*, nom qui lui vient de ce que ses fruits sont employés en cuisine pour assaisonner le poisson appelé *maquereau*.

Les *groseilliers* peuvent être laissés en plein vent, ou taillés. Dans ce dernier cas, on leur donne la forme que l'on veut : on les taille en *candélabre*, en *éventail*, en *vase*, etc.

La vigne et le raisin

> *Août mûrit, septembre vendange ;*
> *En ces deux mois tout bien s'arrange.*

85. — La *vigne* se cultive dans la plaine, sur les coteaux et dans le jardin. Dans le jardin, chaque pied de vigne prend le nom de *treille*, et dans la plaine et sur les coteaux, celui de *cep*.

Dans les jardins, la vigne est plantée le long d'un mur ou d'un treillage, auquel on fixe les branches.

Ses *fruits*, ou *baies*, disposés en *grappes* appelées *raisins*, servent à faire le vin; mais le plus souvent ceux des *treilles* sont des variétés cultivées comme fruits de table. Les plus recherchés sont le *muscat* et le *chasselas*.

La couleur des *baies*, vulgairement nommées *grains* ou *graines*, est variable; mais on se contente presque toujours de faire deux catégories de raisins : le blanc et le noir.

La vigne demande assez de chaleur pour mûrir ses fruits ; aussi ne réussit-elle pas dans le Nord de la France, où le *cidre* et la *bière* remplacent le *vin*.

Comme toutes les plantes que nous venons de passer en revue, la vigne se *multiplie* et se *reproduit* par *boutures*, *marcottes* ou *provins*, et par la *greffe*.

Il est indispensable de la tailler. Sans cette précaution, elle ne donnerait que de tout petits fruits qui mûriraient difficilement.

Le raisin, qui sert principalement à faire le vin, est un manger excellent et très sain lorsqu'il est bien mûr. On en fait de la *gelée*, des *tartes*, et on le met à l'eau-de-vie.

La vigne offre aux jardins une plante qui le décore ;
Bacchus aime à s'y joindre avec Pomone et Flore.

VARNIER.

Les figues

86. — Les figues ne font partie d'aucune des catégories que nous avons établies parmi les fruits.

Est-ce que le *figuier* ne fleurit pas, me demandait-on un jour ? Celui de notre jardin porte des fruits chaque année, et cependant nous ne lui avons jamais vu de fleurs.

A cette question, je répondis à peu près ce qui suit :

Le *figuier* fleurit, et ses fleurs sont portées, comme celles de l'*artichaut*, par une sorte de *plateau*. Mais ce *plateau*, au lieu de s'élargir et de prendre la forme d'une *soucoupe* ou d'une *assiette* peu profonde, comme celui de l'artichaut, se relève sur ses bords et se ferme presque entièrement.

Il emprisonne ses fleurs, qui, d'ailleurs, sont petites

et peu visibles. C'est le plateau lui-même qui est comestible ; c'est lui qui constitue ce que l'on appelle à
tort le fruit, et dont la forme se rapproche de celle de
certaines poires.

Les fruits sont ces petits *grains* qui croquent sous
les dents quand on mange une *figue*.

Il suffit de couper par le milieu une *figue* assez
jeune pour voir les fleurs, dont la couleur n'a rien de
brillant.

Les *figues* sont bonnes à manger aussitôt qu'elles
sont mûres ; mais on en *confit* la plus grande partie.

Le *figuier* demande une température assez élevée.
Il prospère dans le Midi de la France, mais ne mûrit
pas ses fruits dans le Nord de ce pays. Sous le climat
de Paris, il demande à être exposé le long d'un mur,
au soleil, et même dans l'angle de deux murs exposés
l'un au sud et l'autre à l'ouest.

Dans les pays chauds, le *figuier* donne chaque année
deux récoltes de fruits. En France, il est bon de supprimer la deuxième pour ne pas épuiser l'arbre. Le figuier
se prête difficilement à la taille ; aussi le laisse-t-on
presque toujours croître en plein vent.

Les framboises

87. — Le *framboisier*, qui est une espèce de *ronce*,
n'est pas difficile à cultiver. Il s'accommode de tous les
terrains, et ne craint pas trop le froid.

Les *framboises* se mangent crues quand elles ont
atteint leur maturité, et servent aussi à faire des *confitures*, des sirops, et même du vin.

Les fraises

88. — A côté des plantes *ligneuses* dont nous
venons d'étudier les fruits, nous pouvons ranger le

fraisier (fig. 70) qui a des *tiges herbacées* et des *racines vivaces*, et dont les fruits sont ces *petits grains durs* qui croquent sous la dent quand on mange une *fraise*.

Comme dans les figues, c'est le réceptacle fortement développé, charnu et succulent, que l'on mange, et qui est ici désigné sous le nom de *fraise*, et que l'on prend généralement pour le fruit.

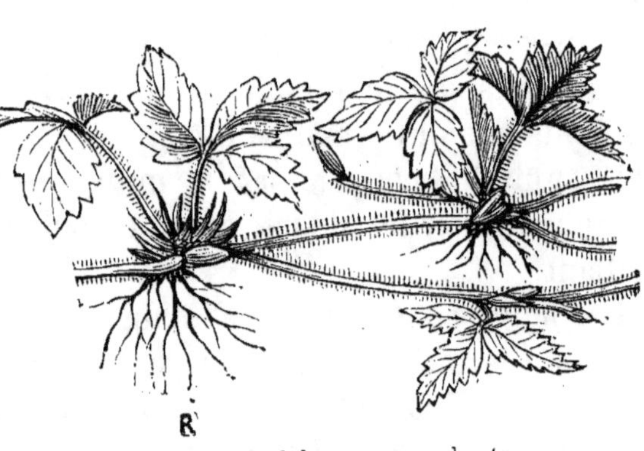

Fig. 70. — Fraisier avec coulants.
R, racines adventives.

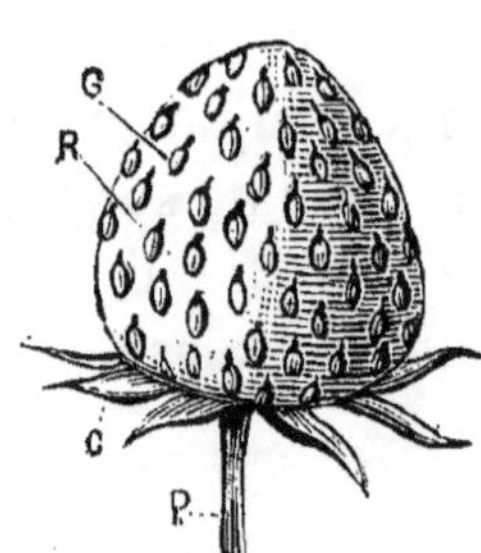

Fig. 71. — Fraise.
P, pédoncule ; C, calice ;
R, réceptacle ; G, fruit.

Les principales variétés de fraises (fig. 71) sont: l'*ananas*, la *fraise des quatre saisons*, la *Ricard* et la *Montreuil*. Toutes se mangent en nature et servent à faire des confitures et de la gelée. La petite fraise des bois n'est pas la plus mauvaise.

Le *fraisier* est d'une culture facile; il se cultive dans les jardins, et même en plein champ.

Il se *marcotte* de lui-même par ses tiges couchées, nommées *coulants*.

A propos de la petite fraise des bois, voici une poésie qui vous dira que, si amateurs de bouquets que vous soyez,

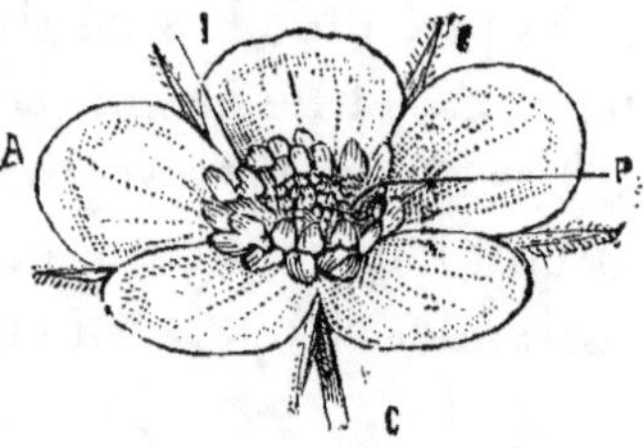

Fig. 72. — Fleur de fraisier.

vous devez cependant respecter quelques fleurs (fig. 72)

7

Cette poésie a pour titre :

Les fleurs de fraisier

Sophie, écoute-moi, ma sœur :
Remplis tes mains et ta corbeille
De toute fleur bleue ou vermeille :
Mais aux fraisiers laisse leur fleur.

Écoute-moi, je suis l'aînée.
Ne dois-tu pas m'obéir ?
J'ai vu déjà plus d'une année
Ici les fleurs s'épanouir.
Saisis chaque fleur fraîche éclose,
Qu'au beau soleil tu vois briller ;
Épargne celles du fraisier
Dont la promesse est quelque chose.

Cueille à foison les violettes,
Blanc muguet et soucis dorés ;
Fleurs du printemps, Dieu les a faites
Pour mourir dans l'herbe des prés.
Mais cette fleur, blanche, petite,
Qui n'est pas moins jolie à voir,
N'y touche pas : c'est un espoir
Que sa feuille légère abrite.

La marguerite ici fourmille
Dans les sentiers, dans les gazons ;
On voit sa petite famille
Végéter en toutes saisons.
Chaque fleurette s'ouvre et passe ;
D'autres vont éclore demain.
Tu peux cueillir à pleine main ;
Mais à celles-ci faisons grâce.

Dis, ne seras-tu pas contente
De trouver aux mois de chaleur,
Dans l'herbe un fruit mûr qui nous tente,
Rouge, sucré, plein de saveur?
Au lieu d'une fleur que l'on cueille,
Puis que l'on jette en son chemin,
Nous trouverons sous notre main
Un doux fruit caché sous sa feuille.

Sophie, écoute-moi, ma sœur,
Remplis tes mains et ta corbeille
De toute fleur bleue ou vermeille;
Mais aux fraisiers laisse leur fleur.

FLORENT RICHOMME.

Le Fruitier. — Conservation des fruits.

89. — Dans les campagnes, chez le cultivateur, il est rare de trouver un *fruitier*, c'est-à-dire un bâtiment spécial disposé pour la conservation des fruits. Cependant, il est très agréable pour tout le monde, et quelquefois même utile pour les malades d'avoir encore des fruits dans la saison où les arbres n'en donnent plus. Aussi est-il bon d'en conserver le plus lontemps possible.

Les *fruits à noyau* se gardent mal. La pêche se gâte au bout d'une semaine ou deux. Les autres ne peuvent se garder, sans se pourrir, que quelques jours.

Parmi les *fruits à pépins*, ce sont les pommes et les poires qui peuvent se conserver le plus facilement et le plus longtemps. Il faut avoir soin de les cueillir quand elles sont bien mûres, mais sans attendre que la maturité soit trop complète.

Un cellier, une chambre un peu sombre, une cave saine, à la rigueur, voilà les pièces qui peuvent servir de *fruitier*, nom que l'on donne indifféremment au bâtiment et au meuble dans lesquels on conserve les fruits.

Après avoir laissé ceux-ci sur un plancher pendant trois ou quatre jours, pour qu'ils perdent une partie de leur eau, on les pose sur des tablettes fixées au mur ou établies sur des montants.

On doit exercer une surveillance attentive sur les tablettes : car un fruit pourri ferait gâter tous ceux qui seraient près de lui. Il faut éviter qu'ils se touchent.

On fabrique aujourd'hui des *fruitiers-meubles* (fig. 73) dont les tablettes sont un treillage composé de baguettes parallèles maintenues par des traverses. Ils ont l'avantage d'être légers et portatifs. Rien n'est plus facile que cela à établir à la campagne.

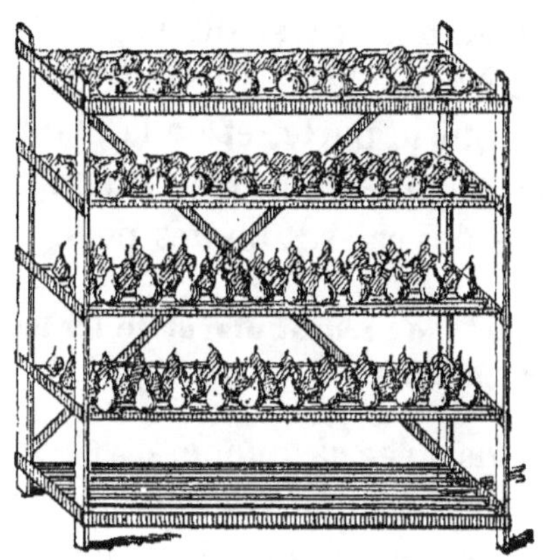

Fig. 73. — Fruitier-meuble portatif.

On conserve encore les pommes et les poires dans du sable bien sec. On peut aussi les envelopper séparément, dans du *papier souple* et les enfouir dans du son contenu dans des caisses parfaitement fermées, pour que l'air n'y pénètre pas.

Conservation du raisin

90. — Le raisin peut se conserver assez longtemps sur la treille même. On le couvre alors soit avec des *toiles*, soit avec des *paillassons*. Il se garde encore bien sur les tablettes du fruitier, posé sur de la fougère sèche, sur de la mousse également sèche, ou bien encore suspendu à des clous au plancher du grenier.

Dans ce cas, il est bon de lui couvrir de cire l'extrémité de la queue. Le tout se dessèche moins vite, et les *grains* se conservent bien mieux. Mais le moyen de garder les raisins jusqu'à la fin de l'hiver, est de les enfermer dans du son, dans des caisses parfaitement closes, comme pour les pommes et les poires.

Un autre moyen de conserver le raisin longtemps, est de couper la branche qui le porte, et de la planter comme une bouture dans de la terre ni trop fraîche ni trop sèche, contenue dans des caisses ou des pots.

Gelée de groseilles, de cassis, de framboises, de fraises, de raisins

91. — On pèse les fruits avec la queue, et avec la grappe pour ceux qui sont en grappes, et l'on prend un poids de sucre égal à celui des fruits. On prépare ceux-ci, c'est-à-dire qn'on les égrène, ou qu'on les épluche suivant que ce sont des groseilles, des raisins ou des cassis, ou bien des framboises ou des fraises.

Puis on fait cuire le sucre *au perlé*.

Le *sucre au perlé* se prépare de la manière suivante : on fait dissoudre du sucre dans de l'eau, à raison de 6 livres de sucre pour un litre d'eau ; on met sur le feu, et pour s'assurer que la cuisson est à point, on trempe l'écumoire dans la bassine, et l'on souffle au travers, s'il s'échappe de petites bulles par les trous la cuisson est terminée : le *sucre est cuit au perlé*.

On jette alors les fruits dans ce *sirop de sucre*. Il se produit bientôt de la mousse, une écume. Lorsque la mousse recouvre le tout, on jette les fruits sur un tamis, sans les presser : la gelée est faite. On la met ensuite dans des pots que l'on couvre le lendemain seulement.

On ajoute quelquefois à la gelée de groseilles, environ 1 livre de framboises pour 5 livres de gelée, et l'on a alors de la *gelée de groseilles framboisée*.

On prépare encore avec ces mêmes fruits : groseilles, cassis, framboises, fraises, raisins, une gelée plus économique. Les fruits sont mis dans la bassine où ils finissent par crever sous l'action du feu ; alors on les jette sur un tamis, toujours sans les presser. On met encore un poids égal de fruits et de sucre cassé en petits morceaux ; on fait cuire le tout environ un quart d'heure et l'on met en pots.

Si ce sont des groseilles que l'on emploie, on peut encore y ajouter des framboises, et même en aussi grande quantité que l'on voudra.

Les groseilles, les cassis, les framboises, les fraises et les cerises peuvent aussi être employés ensemble.

Gelée de groseilles à froid

92. — Pour faire cette gelée, égrenez les groseilles et les mettez sur un tamis au-dessus d'une terrine ; écrasez-les sans écraser les graines. Mélangez ensuite le jus avec du sucre, dont deux livres de sucre pour une livre de jus. Mettez ce mélange dans un endroit frais, une cave ou un cellier, par exemple, où vous le laisserez environ 24 heures en ayant soin de le remuer trois ou quatre fois pendant ce temps. Mettez ensuite cette gelée dans des pots et la conservez dans un lieu frais.

Elle a l'inconvénient de se garder moins longtemps que la gelée cuite, mais elle a un goût plus agréable.

Le noyer, la noix et la liqueur de brou de noix

93. — Le *noyer* est d'une culture facile. Il prospère dans tous les terrains et réclame peu de soins. Malheureusement, les gelées tardives l'empêchent assez souvent de donner d'abondantes récoltes.

La noix n'est pas un manger exquis quand elle est mûre ; mais verte, et au moment où la petite *peau* se détache facilement de l'*amande*, elle est fort agréable au goût parce que l'huile n'est pas encore formée : elle prend alors le nom de *cerneau*.

Les noix sont principalement utiles pour la fabrication de l'huile. Mais pour que cette huile soit bonne à manger, il faut que les noix aient été bien soignées, qu'elles ne soient pas rances.

Après la récolte, les noix ne doivent pas être amoncelées en tas énormes ainsi qu'on le pratique dans certains pays, pour les faire suer comme on dit. Elles perdent ainsi de leur qualité. Il faut les étendre sur un plancher, sur deux ou trois pouces d'épaisseur seulement, les remuer souvent, et ne jamais mélanger celles qui sont dépourvues de leur *brou* avec celles qui le possèdent encore.

Lorsque les noix sont bien sèches, on les enferme dans un endroit qui ne doit être ni trop chaud ni trop frais. Le meilleur moyen de les conserver serait, d'après l'abbé Rozier, de les mettre, quand elles sont bien sèches, dans des coffres en bois de noyer, où elles se conservent bonnes à manger d'une année à l'autre.

Les feuilles de noyer servent à faire de la tisane ; les noix encore vertes et tendres servent à préparer de la confiture, de la liqueur et du sirop.

Pour faire de la *liqueur*, on écrase légèrement les jeunes fruits, puis on les met dans l'eau-de-vie ; trois semaines après on change la liqueur de vase et on y ajoute du sucre pour la rendre agréable au goût. Elle est saine et digestive.

En faisant bouillir le brou de noix dans un vase avec un peu d'eau, juste assez pour que le fond du vase ne brûle pas, on obtient une teinture que l'on emploie pour donner au bois blanc et autres matières claires la couleur du noyer.

Confiture de noix vertes

94. — Pour faire de la confiture de noix vertes, on opère de la manière suivante :

On cueille les noix avant qu'elles soient devenues trop dures, au moment où l'on peut encore les traverser avec une aiguille.

On les pèle, puis on les blanchit à l'eau bouillante; on les retire ensuite de ce bain pour les mettre dans l'eau froide où on les laisse pendant 48 heures environ.

Au bout de ce temps, on les place dans des pots, et on les recouvre d'un sirop de sucre, que l'on obtient en mettant, dans un poêlon, sur le feu, du sucre cassé en morceaux, avec un verre d'eau par kilogramme de sucre, et on laisse réduire.

Jardin et plantes d'agrément.

95. — Nous avons parlé longuement du *potager* et du *jardin fruitier*. C'est justice, car on doit toujours s'occuper en premier lieu et le plus longtemps possible des choses utiles. Celles qui sont seulement agréables ne doivent venir qu'en second lieu. Aussi le proverbe a raison, qui dit : « *l'utile avant l'agréable* ».

A présent, nous allons nous occuper du *jardin d'agrément*, dans lequel on cultive les *plantes d'agrément* ou *d'ornement*, c'est-à-dire celles qui sont recherchées uniquement pour le plaisir des yeux, sans être indispensables aux besoins de chaque jour. Il n'est pas défendu de rechercher ce qui est agréable. Il est même bon que les habitants de la campagne, que les cultivateurs aient quelque chose pour flatter leurs regards, et leur faire aimer leur séjour et leur condition.

Si cette condition n'est pas toujours une des plus douces, elle est du moins l'une des plus honorables qui existent.

> Ah ! loin des fiers combats, loin d'un luxe imposteur,
> Heureux l'homme des champs, s'il connaît son bonheur !

C'est à la campagne qu'on vit le plus en paix, et que l'on goûte le plus les charmes de la nature.

Après plusieurs années, passées à la ville, au milieu du va-et-vient de gens tous plus empressés les uns que les autres, on est tout heureux de retourner dans son pays natal, et l'on est même tenté, en revoyant sa chaumière, de s'écrier avec de Lamartine, poète français, mort en 1869 :

> Oui, je reviens à toi, berceau de mon enfance,
> Embrasser pour jamais tes foyers protecteurs.
> Loin de moi les cités et leur vaine opulence !
>   Je suis né parmi les pasteurs.
>
> Reconnaissez mes pas, doux gazons que je foule,
> Arbres que dans mes jeux j'insultais autrefois,
> Et toi, qui loin de moi te cachais à la foule,
>   Triste écho, réponds à ma voix.
>
> Je ne viens pas traîner, dans vos riants asiles,
> Les regrets du passé, les songes du futur :
> Je viens vivre, et, couché sous vos berceaux fertiles,
>   Abriter mon repos obscur.
>
> S'éveiller le cœur pur, au réveil de l'aurore,
> Pour bénir au matin le Dieu qui fait le jour,
> Voir les fleurs du vallon sous la rosée éclore,
>   Comme pour fêter son retour ;
>
> Guider un soc tremblant dans le sillon qui crie,
> Du pampre domestique émonder les berceaux,
> Ou creuser mollement au sein de la prairie,
>   Les lits murmurants des ruisseaux ;

7.

> Le soir, assis en paix au sein de la chaumière,
> Tendre au pauvre qui passe un morceau de son pain,
> Et fatigué du jour, y fermer sa paupière,
>   Loin des soucis du lendemain ;
>
> Sentir, sans les compter, dans leur ordre paisible
> Les jours suivre les jours, sans faire plus de bruit
> Que ce sable léger dont la fuite insensible
>   Vous marque l'heure qui s'enfuit ;
>
> Voir de vos doux vergers sur vos fronts les fruits pendre,
> Vos chers petits enfants dans vos bras accourir,
> Et sur eux appuyé, doucement redescendre :
>   C'est assez pour qui doit mourir.

LES FLEURS

96. — Cultivées auprès de nos demeures, a dit A. Thiébaut de Berneaud, les fleurs procurent d'aimables passe-temps ; elles payent les soins qu'on leur donne par les variations de formes et de coloris qu'elles produisent, par les douces odeurs dont elles chargent les ailes du vent. Introduites dans nos habitations ou tenues sur les croisées des citadins, elles décorent le modeste asile comme le salon aux lambris entrecoupés de miroirs réfléchissants ; elles vengent le pauvre des exigences sociales, des humiliations dont l'accablent le sot orgueil, les distinctions outrageantes, la vileté des hommes à argent ; elles impriment un nouveau charme à la paix du cabinet, aux jouissances si douces des familles étroitement unies.

Après cette belle peinture des fleurs, l'auteur a soin de prévenir les imprudents qui seraient tentés de coucher dans une chambre où il y a des fleurs, du danger qu'ils courraient.

Il faut y prendre garde, dit-il : dans les champs, dans le petit jardin, elles portent aux sens un bien-être tout particulier, des impressions suaves, parce qu'elles s'harmonisent avec le mouvement d'une nature toujours active; mais enfermées, surtout la nuit où tout est clos dans nos chambres, elles nuisent à la santé, portent le trouble dans le système nerveux, enveloppent les corps vivants d'un gaz délétère, et déterminent souvent des affections éminemment dangereuses.

DES PLANTES D'ORNEMENT

97. — Les *plantes d'ornement* peuvent être divisées en deux catégories. suivant qu'elles sont cultivées pour la beauté ou le parfum de leurs fleurs, ou la beauté de leurs feuilles. Les premières sont les *plantes florales;* les autres, les *plantes à feuillage.*

Parmi toutes ces plantes, nous nous contenterons d'en voir seulement quelques-unes, les plus répandues ou les plus curieuses.

Elles sont cultivées en *pleine terre* ou en *pots.*

Les unes sont *annuelles*, les autres *bisannuelles;* d'autres enfin sont *vivaces.* Il y a surtout des *herbes*, des *arbustes* et des *arbrisseaux.* Les arbres y sont en très petit nombre.

Les plantes *annuelles* et *bisannuelles* se *reproduisent* généralement par *semis*, de même qu'un certain nombre de celles qui sont *vivaces;* mais la plupart de ces dernières se *reproduisent* et se *multiplient* par *boutures*, *marcottes*, et par la *greffe.*

Les plantes de *pleine terre* se cultivent dans le *parterre*, nom que l'on donne à la partie du *jardin d'agrément* réservée aux fleurs.

Si au lieu de placer les plantes séparément on les groupe en *massifs*, on fait ce qu'on appelle des *corbeilles.*

On appelle *massif* un grand nombre de végétaux disposés très près les uns des autres sur un terrain plus ou moins étendu, et de forme variable, mais le plus souvent de forme arrondie. Ce terrain lui-même prend aussi le nom de *massif*.

Les plantes sont en *plates-bandes*, quand elles sont alignées sur plusieurs rangs près des allées ; en *bordures*, lorsqu'elles ne forment qu'une seule ligne sur le bord des carrés.

La *culture est dite en pots* quand les plantes sont placées dans des vases en terre cuite, appelés *pots à fleurs*. Ces vases sont quelquefois remplacés par des caisses en bois de grandeurs différentes.

Les *pots à fleurs* sont percés d'un trou au fond pour que *l'eau d'arrosage*, lorsqu'elle est surabondante, puisse s'écouler : autrement elle ferait pourrir les racines.

Il faut recouvrir ce trou avec un morceau de tuile parce que, sans cette précaution, l'eau entraînerait la terre qui doit rester autour des racines. Mais il ne faut pas que ce trou soit complètement bouché ; il ne doit être recouvert que juste assez pour retenir la terre sans arrêter l'eau. C'est ce qu'on appelle le *drainage* du pot.

La terre que l'on met dans les *pots à fleurs* est généralement de la *terre de bruyère,* ainsi nommée parce qu'elle est formée de débris de végétaux parmi lesquels il peut se trouver des *bruyères*.

Elle est légère, et l'eau ne l'*encroûte* pas. Elle est quelquefois mélangée de terre ordinaire. Pour certains végétaux, on se sert de bon terreau.

Le jardin d'agrément peut être pourvu d'un *jet d'eau*.

Quelques plantes du jardin d'agrément

98. — Les principales *plantes annuelles* et *bisannuelles* cultivées dans le *jardin d'agrément* sont : la *jacinthe*, le réséda, l'amarante, la balsamine, l'œillet

(fig. 74), la giroflée, la belle-de-jour et la belle-de-nuit,

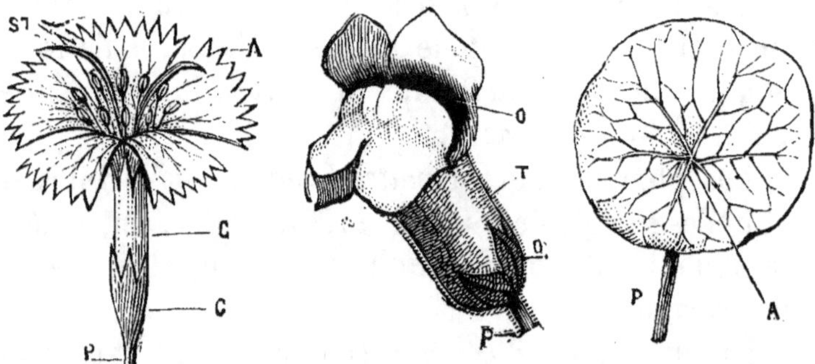

FIG. 74. — Fleur d'œillet.

FIG. 75. – Fleur de muflier ou gueule de lion.

FIG. 76. — Feuille de capucine.

le muflier (fig. 75), la rose trémière, la grande campanule ou carillon, la petite marguerite et la *grande capucine* (fig. 76). Les principales *plantes vivaces*, dont la plupart sont *semées en pépinière* pendant l'été, et *repiquées* à l'automne ou au printemps suivant, sont : le *lis* (fig. 77), les *primevères*, les *géraniums*, les *pensées* ou *violettes* à *trois couleurs*, les *pivoines*, les *fuchsias*, les *azalées*, le *dahlia* (fig. 78), les *rhododendrons*, les *rosiers*, la *glycine*, la *vigne-vierge*, le *myosotis*, l'*iris*, l'*aspérule* (fig. 79), vulgairement

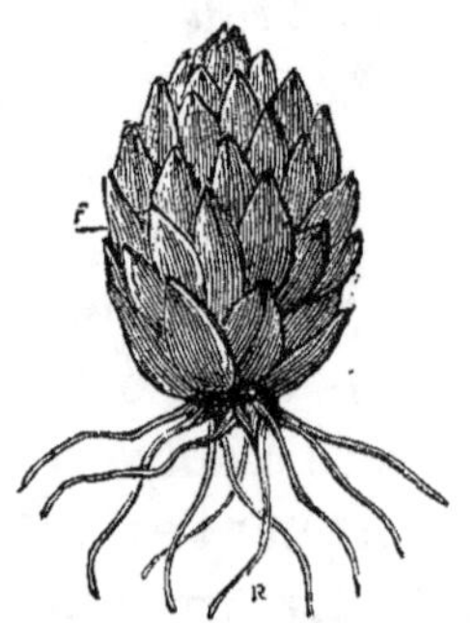

FIG. 77. — Bulbe de lis.

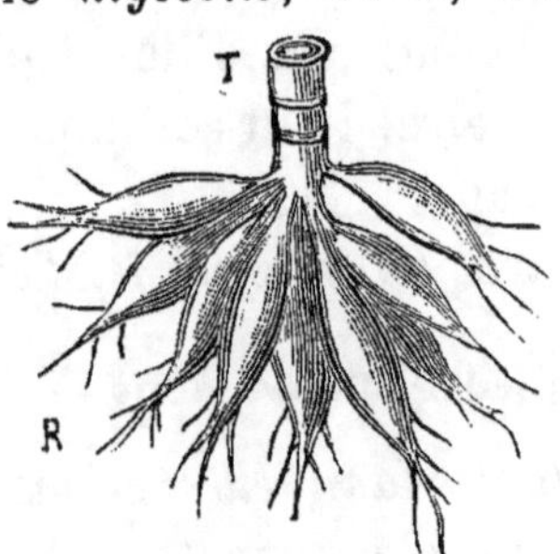

FIG. 78. — Dahlia. T, tige; R, racines.

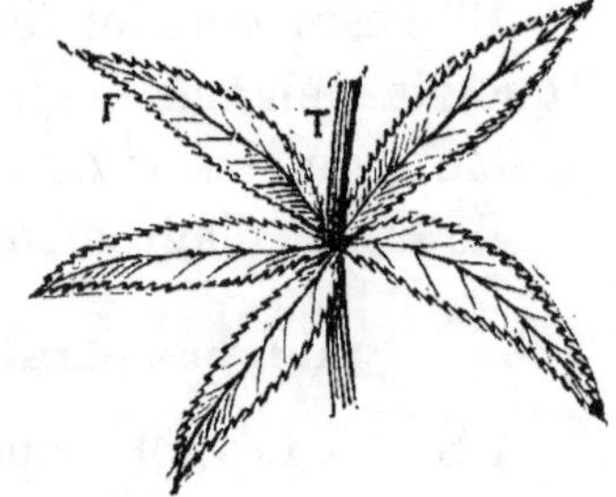

FIG. 79. — Aspérule odorante, vulgairement appelée « petit muguet ».

appelée *petit muguet*, le *lierre commun* (fig. 80), la *sagittaire* ou *flèche d'eau* (fig. 81), au bord des pièces d'eau, le *houblon* (fig. 82), pour garnir les berceaux.

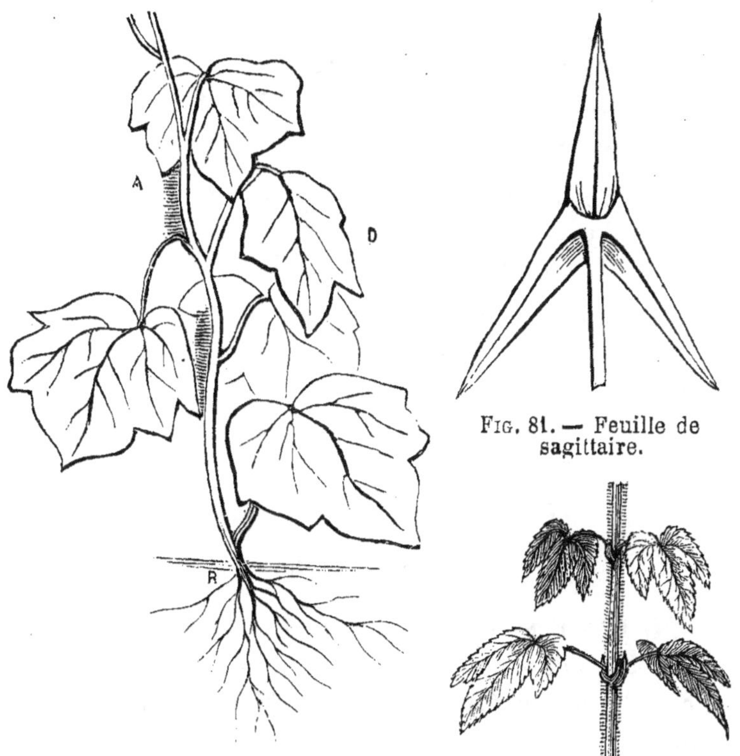

FIG. 80. — Pied de lierre.
R, racine; A, crampons; D, feuille.

FIG. 81. — Feuille de sagittaire.

FIG. 82. — Branche de houblon.

La violette

99. — Dans le langage des fleurs, le symbole de la violette est *modestie*, et ceci, sans doute, parce qu'elle s'élève peu et se trouve ordinairement cachée dans le le gazon.

> L'obscure violette, amante des gazons,
> Aux pleurs de la rosée entremêlant ses dons,
> Semble vouloir cacher, sous leurs voiles propices,

D'un prodigue parfum les discrètes délices :
C'est l'emblème d'un cœur qui répand en secret
Sur le malheur timide un modeste bienfait.

BOISJOLIN.

Aimable fille du printemps,
Timide amante des bocages,
Ton doux parfum charme mes sens,
Et tu sembles fuir mes hommages.

Semblable au bienfaiteur discret
Dont la main secourt l'indigence,
Tu nous présentes le bienfait
Et tu crains la reconnaissance.

Dans tes solitaires bosquets
Reste, violette chérie ;
Heureux qui répand les bienfaits
Et comme toi cache sa vie.

DUBOS.

Le myosotis

100. — Passons au *myosotis*. Il a pour symbole « *Ne m'oubliez pas* ». Aussi dans certains pays, ne connaît-on cette jolie plante, que sous le nom de : *Ne m'oubliez pas.*

Voici d'où lui vient ce nom, dit-on.

Deux fiancés se promènent sur les bords du Danube. La jeune fille aperçoit, au bord de l'eau, une charmante petite fleur qu'elle convoite des yeux. Elle fait connaître son désir à son ami, qui s'empresse d'aller la cueillir ; mais, oh ! fatalité ! le jeune homme glisse et tombe à l'eau. Le courant l'entraîne. Et, se voyant perdu, il jette la fleur sur le rivage aux pieds de la jeune fille, en s'écriant : « *Ne m'oubliez pas !* »

Nous lirons à présent une poésie sur cette charmante plante aux espèces et aux variétés nombreuses.

Voyez-vous cette fleur mignonne
Qui naît à l'abri du coteau ?
J'en veux tresser une couronne
Pour l'humble vierge du hameau.
J'aime sa coquette parure ;
Son front brille comme un rubis ;
Elle sourit sous la verdure :
On l'appelle *myosotis.*

Chaque matin dans son calice
Dépose un diamant vermeil ;
Elle s'enivre avec délice
Des premiers rayons du soleil.
Simple fleur des champs, sa corolle
A reçu les noms les plus doux ;
De l'amitié tendre symbole,
C'est la fleur du *souvenez-vous.*

Jeunesse rieuse et légère,
Apprenez quel fut son destin :
La beauté n'est que passagère
Et la fleur ne vit qu'un matin.
Le temps flétrit tout de son aile,
Le cruel, il n'épargne rien.....
Un jour vous passerez comme elle,
Pensez-y bien, pensez-y bien.

L'abbé W. Moreau.

Iris

101. — N'oublions pas l'*iris* (fig. 83), cette plante charmante par ses feuilles et ses fleurs, et dont le symbole est *message, bonne nouvelle.*

Lève les yeux : — aux jours d'orage,
Au fond du ciel ne vois-tu pas
Un astre éclatant, plein d'appas,
Que n'obscurcit aucun nuage ?

Regarde à l'heure du tourment,
Et tu connaîtras sa puissance !
Ce bel astre, — c'est l'espérance !
Qui toujours brille au firmament.

Oh ! l'espérance est douce chose !
L'espérance !... c'est le flambeau
Qui fait voir le présent plus beau,
Et l'avenir... couleur de rose !

H. GALLEAU.

La rose

102. — Pour terminer l'histoire des plantes ornementales, nous dirons un mot de la rose.

Les variétés de roses sont nombreuses ; mais cultivez celles qui vous plairont le plus.

FIG. 83. — Iris.

La multiplicité de ces variétés est due à des personnes qui, sans trop savoir pourquoi, ont voulu donner un nom à une fleur. Ne les imitez pas en cela ; mais aimez toujours la *reine des fleurs :* c'est ainsi qu'on nomme la rose.

Une rose nommée *rose de Provins*, et dont le symbole est « *amour de la patrie* », a donné lieu aux vers suivants :

La patrie est le toit, le foyer, le berceau,
Le clocher d'une église, un verger, un ruisseau,
Une fleur, un ramier qu'on écoute à l'aurore.
Mais ne l'oublions pas, elle est bien plus encore,
Elle est le souvenir ! le souvenir pieux
Qui transmet aux enfants la gloire des aïeux !

H. VOILEAU

LES PLANTES MÉDICINALES

103. — N'oublions pas non plus les *plantes médi-*

cinales, c'est-à-dire celles qui sont employées à nous guérir ou tout au moins à nous soulager de nos maux.

Un grand nombre sont abondamment répandues autour de nous, où elles croissent sans le secours de l'homme. Nous n'avons qu'à les récolter pour nous en servir. Mais il en est un certain nombre qui ne peuvent prospérer dans notre pays sans que nous leur prodiguions nos soins. Aussi la bonne mère de famille, sans perdre de terrain, doit-elle en cultiver quelques-unes, parmi lesquelles nous pouvons citer : la *guimauve*, la *menthe poivrée*, l'*angélique*, l'*anis*, le *ricin*, l'*hysope*, la *lavande*, la *mélisse*, la *camomille romaine*, la *bourrache*, le *bouillon blanc*, le *lis*, etc.

Voici ce qu'Olivier de Serres a dit à propos de ce « *Jardin medecinal* », comme il l'appelle :

« *Entre les beautés du mesnage, les plantes et herbes medecinales paraissent, tenans honorable reng au jardin; à l'honneur du noble père de famille, qui adjouste au vivre des hommes, le moyen de les maintenir en santé et délivrer de maladie. Telle vertueuse affection, est profitable au publiq, d'autant que par icelle, nous sont domestiqués des simples herbes étrangères, rares et exquises de grande utilité et service, incogneues à nos Ancêtres.* »

Chaque plante médicinale a ses propriétés, mais un certain nombre peuvent se remplacer l'une l'autre, et être employées ensemble.

Au point de vue des propriétés, elles peuvent être divisées en plusieurs catégories. Nous allons donner les principales.

Il y a :

a). — Les *plantes émollientes*, qui ont la propriété de ramollir les tissus, de diminuer les inflammations, de calmer la douleur ; telles sont : la bourrache, la guimauve, la mauve, le bouillon-blanc, la violette, le pas d'âne, le froment, l'orge, l'avoine, le riz, le maïs, la carotte, les graines de chanvre et de lin, le chiendent, la laitue, et quantités d'autres.

b). — Les *plantes rafraîchissantes*, qui rafraîchissent, comme le blé, l'orge, le nénuphar, la chicorée, le citronnier.

c). — Les *plantes sudorifiques*, qui provoquent la sueur, ce sont : la pensée sauvage, le sureau, l'aconit, la bardane, la fumeterre.

d). — Les *plantes purgatives*, c'est-à-dire qui purgent, comme le ricin, le nerprun, la rhubarbe, l'euphorbe épurge.

e). — Les *plantes fébrifuges*, qui servent à combattre la fièvre : le saule, la gentiane, le chêne, le persil, la petite centaurée, le houx, la valériane.

f). — Les *plantes vermifuges*, qui chassent les vers : la fougère mâle, la fougère femelle, la fougère aigle, le houblon, la fumeterre, l'armoise, la valériane, le pêcher, le noyer.

Enfin citons les plantes les plus dangereuses, celles qui renferment le plus de poison, et que l'on ne doit jamais employer que sur l'ordre du médecin : le *sumac*, la *rue*, le *pied-de-veau* ou *gouet*, le *cyclamen*, le *colchique*, la *belladone*, la *petite ciguë*, la *grande ciguë*, la *stramoine* ou *pomme épineuse*, l'*aconit*, la *jusquiame*, la *digitale*, la *bryone* ou *couleuvrée*, l'*euphorbe épurge*, les *renoncules*, et un grand nombre de *champignons*.

LES ABRIS DES PLANTES. — LA SERRE

104. — Un certain nombre de plantes du *jardin d'ornement* nous viennent des pays chauds. La plupart d'entre elles craignent le froid, et doivent être mises à l'abri pendant la rude saison d'hiver. Quelques-unes ont même besoin d'abri une grande partie de l'année, sinon toute l'année. On les soigne alors dans une serre, bâtiment vitré dessus et d'un côté, sinon des deux.

Le côté vitré doit être exposé au midi. De cette manière, les plantes reçoivent les rayons du soleil, sans lesquels la plupart d'entre elles ne sauraient vivre longtemps.

La *serre* est *chauffée* tout l'hiver, et même toute l'année quand il est nécessaire. Pendant les temps froids, on la recouvre de *paillassons* pour mieux garantir les plantes de la température extérieure.

Les végétaux qui ne craignent pas trop le froid peuvent être sortis de la *serre* dès les premiers jours du *printemps*, pour n'y être rentrés qu'à l'*automne*. Quelques-uns doivent toujours être mis en *serre* pendant la nuit, et ne peuvent rester en *plein air* que durant le jour, et encore lorsque la température est suffisamment échauffée par les rayons du soleil. Ceux, au contraire, qui ne peuvent supporter la température du jardin, doivent toujours rester dans la *serre*.

Abris pour les plantes potagères

105. — Un certain nombre de *plantes potagères*, surtout lorsqu'elles sont encore jeunes et tendres, ont aussi besoin d'*abri*, pendant l'hiver, contre l'humidité, le froid et la neige. Dans ce cas, on peut faire soi-même des *abris* très simples et très économiques.

Fig. 84. — Abri fait d'une tuile plate.

Il suffit d'une *planche*, d'une *pierre plate* ou d'une *tuile* (fig. 84), posée sur le sol par l'une de ses extrémités, relevée à l'autre, et maintenue ainsi inclinée au moyen de deux petites baguettes en bois. *L'abri* doit être placé du côté du nord, pour empêcher le vent trop froid d'arriver sur la plante.

Les *abris* peuvent aussi servir à protéger certains végétaux contre le soleil trop ardent de l'été.

Pour garantir du froid les *premier semis du printemps* et pour activer la végétation de certaines plantes, on les *met* sous des *châssis vitrés*. Des planches sont ajustées de manière à figurer des espèces de *caisses* larges et longues, peu profondes, généralement plus hautes d'un côté que de l'autre, dépourvues de *fond* et munies d'un *couvercle vitré*.

Les rayons du soleil passent au travers des *carreaux* et vont réchauffer la terre qui se trouve dessous.

Pendant l'hiver, et lorsqu'il fait trop froid, on peut couvrir le *châssis* de *paillassons*, si l'on a des plantes à protéger des rigueurs de la saison.

On se sert aussi de grandes *cloches en verre* que l'on pose renversées sur les plantes à garantir du froid, sur les salades ou sur les jeunes melons, par exemple.

On peut encore établir des abris avec des toiles que l'on place au nord, ou bien avec des *claies* garnies de paille.

LA LUNE ROUSSE.

106. — L'ignorance est la cause d'une foule de préjugés, dit-on. C'est la vérité.

On accuse souvent, mais bien à tort, la *lune rousse,* de *geler les plantes.*

C'est une erreur encore très répandue, mais qui disparaîtra bientôt, aujourd'hui que tout le monde doit s'instruire et par conséquent se rendre compte des choses.

Cette lune n'est pas plus malfaisante qu'une autre.

Mais, au printemps, les bourgeons et les jeunes pousses des plantes sont si tendres qu'il suffit de la moindre *gelée* pour les *roussir*, les *griller*, comme on dit.

Or, on sait qu'il gèle quelquefois jusqu'à une époque avancée de l'année, surtout la nuit et lorsque le temps est clair. On attribue ainsi, à tort, à la lune, un phénomène dans lequel elle n'a aucune part. C'est le froid seul qui cause ce dégât.

La *lune rousse* est celle qui commence en avril, et qui devient *pleine*, soit à la fin d'avril, soit en mai.

LES ANIMAUX DU JARDIN

Animaux utiles et animaux nuisibles

107. — Il ne suffit pas de *semer*, d'*arroser*, de *sarcler* et de *biner* les plantes du jardin; il faut encore, autant que possible, les soustraire à la voracité de certains animaux, comme les *limaces*, les *escargots*, et un grand nombre d'autres.

Ces petites *bêtes* se plaisent à dévorer ce qui a coûté tant de peine au jardinier. Elles nuisent aux récoltes : ce sont donc des *animaux nuisibles*.

D'autres, au contraire, mais qui, malheureusement, sont de beaucoup les moins nombreux, font une guerre acharnée aux bêtes nuisibles : ce sont donc des *animaux utiles*.

Ainsi, les animaux qui fréquentent le jardin, peuvent être divisés en deux catégories : les *animaux utiles* et les *animaux nuisibles*.

Tous ceux qui nous rendent des services seront placés dans le premier groupe, et tous ceux qui commettent des dégâts, dans le second.

On pourrait cependant faire un troisième groupe, car il y a certains animaux qui tantôt rendent des services, et tantôt commettent des dégâts.

Mais, pour ces derniers, si leurs services dépassent les dégâts qu'ils font, nous les classerons parmi les *animaux utiles;* si, au contraire, ils causent plus de dégâts qu'ils ne rendent de services, nous les rangerons parmi les *animaux nuisibles.*

En un mot, nous distinguerons les *protecteurs* et les *ravageurs des plantes.* Les premiers peuvent être appelés nos *auxiliaires;* les autres sont très bien désignés sous le nom de *ravageurs,* puisqu'ils ravagent les cultures.

Les ravageurs

108. — Les *ravageurs* de nos récoltes sont nos ennemis. Nous devons leur faire une guerre impitoyable. Pour cela, nous devons les bien connaître et ne pas nous exposer à détruire, par ignorance,

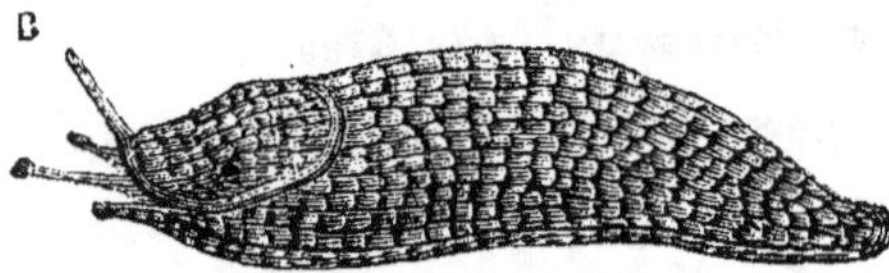

FIG. 85. — Limace (animal nuisible).
B, tentacule.

ceux dont le concours nous est si précieux contre les ravageurs qui sont si nombreux.

Parmi les *animaux à quatre pattes* ou *quadrupèdes,* se trouvent les *souris,* les *mulots* et les *campagnols,* gé-

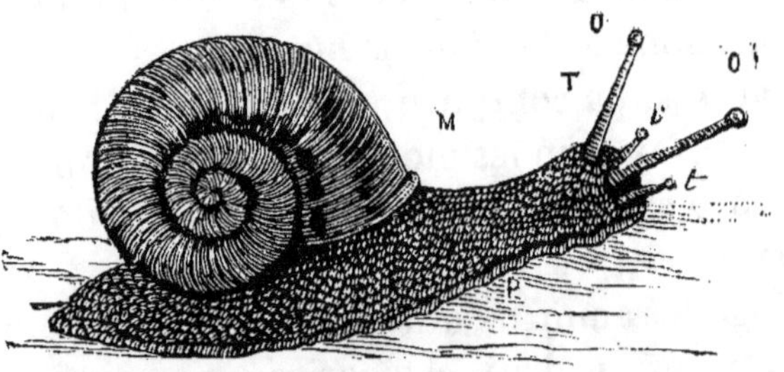

FIG. 86. — Escargot (animal nuisible).
P, pied; T, grands tentacules portant les yeux OO à leur extrémité; *t t,* petits tentacules; M. coquille.

néralement tous désignés sous le nom de *rats.*

Puis viennent les *mollusques* ou *animaux mous,* tels que les *limaces* (fig. 85) et les *escargots* (fig. 86), qui indiquent leur passage par une *traînée gluante.*

Les insectes ravageurs

109. — La plupart des *ravageurs* sont des *insectes*.

Les *insectes* sont de petits animaux à *six pattes*, très nombreux partout. Les uns ont *quatre ailes*, les autres *deux* seulement, d'autres enfin en sont complètement privés.

La plupart des insectes sont nuisibles; quelques-uns seulement sont utiles.

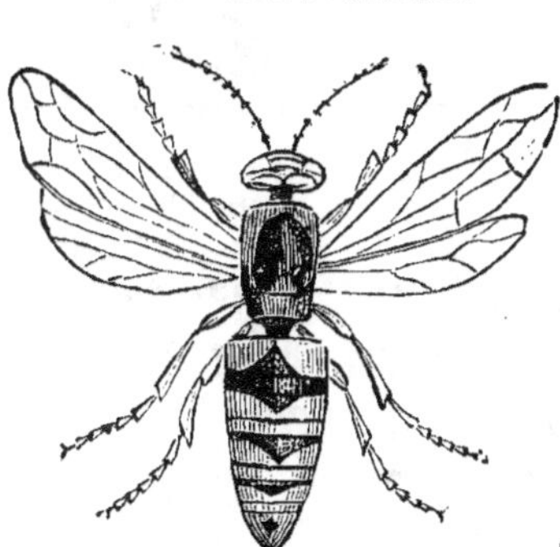

FIG. 87. — Guêpe (animal nuisible).

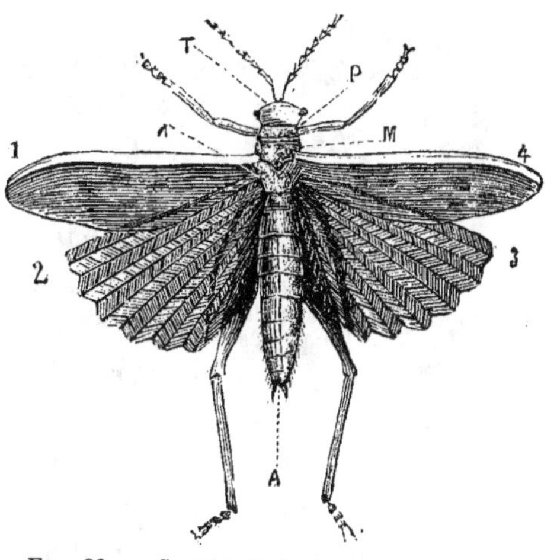

FIG 88. — Sauterelle (animal nuisible).
T, tête; P. protothorax; M. mésothorax; K. métathorax; A, abdomen; 1 et 4. ailes supérieures; 2 et 3, ailes inférieures.

Au nombre des *insectes nuisibles* se trouvent le *hanneton*, la *courtilière* ou *taupe-grillon*, les *pucerons*, les *papillons*, ou plutot leurs *chenilles*, les *forficules* ou *perce-oreilles*, les *guêpes* (fig. 87), les *sauterelles* (fig. 88).

FIG. 88. — Hanneton (animal nuisible).

Le hanneton

110. — Le *hanneton* (fig. 89) est, parmi les insectes, l'un des plus terribles ravageurs. Il se montre au printemps et mange les feuilles des arbres fruitiers qu'il prive de fruits.

Il pond des œufs gros à peine comme la tête d'une épingle, et de chacun desquels il sort un petit ver nommé *larve*. Cette *larve*, appelée aussi *turc*, *ver-blanc* (fig. 90), reste assez longtemps dans la terre avant d'être complètement transformée en *hanneton*, et pendant ce temps elle ronge les racines des plantes. Elle s'attaque surtout aux *pommes de terre*.

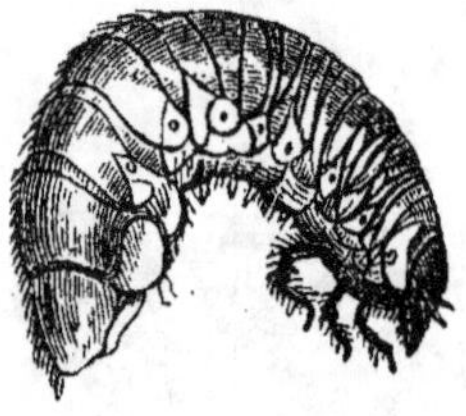

FIG. 90. — Larve de hanneton, appelée aussi *turc*, *man*, *ver blanc*.

Avant d'être un *insecte parfait*, le *ver blanc* se transforme en *chrysalide* ou

FIG. 91. — Pupe ou nymphe de hanneton.

nymphe (fig. 91), et ressemble ainsi à un animal *emmailloté* ou enfermé dans un étui. Enfin, la *nymphe* devient un *insecte parfait*, un *hanneton* pourvu de *six pattes* et *quatre ailes*. Mais depuis la ponte de l'œuf jusqu'à la sortie de terre du *hanneton*, il s'écoule de trois à cinq ans, suivant le climat et les circonstances.

Les changements de formes que subit l'animal se nomment *métamorphoses*.

La courtilière

111.— La *courtilière*, bien connue aussi sous le nom

FIG. 92. — Courtilière (insecte nuisible).

de *taupe-grillon* (fig. 92), se nourrit de *larves* d'insectes, et pourrait être considérée comme utile, si, en se livrant à ses chasses, elle ne creusait pas des *galeries*, souvent d'une grande étendue, qui nuisent aux *semis*. De plus, elle coupe les racines des plantes situées sur son passage. Elle commet ainsi des dégâts considérables, et doit être détruite bien qu'elle ne se nourrisse que rarement de végétaux.

Les pucerons, les forficules

112. — On voit souvent, sur certaines plantes, de tout petits *insectes*, de différentes couleurs, appelés *pucerons*. Les uns sont verts, d'autres cendrés, d'autres enfin bleuâtres ou d'une nuance encore différente. Il ne faut pas manquer de les détruire, car ils font beaucoup de mal en suçant la sève des plantes sur lesquelles ils vivent. Le *phylloxera* est aussi un *puceron*.

Les *forficules* ou *perce-oreilles* rongent les boutons des plantes, et pour cela doivent êtres détruites.

Les papillons et les chenilles. — L'échenillage

113. — Par eux-mêmes, les *papillons* (fig. 93) ne sont pas très redoutables ; mais leurs *larves* ou *chenilles* causent de grands ravages sur les arbres fruitiers, sur les choux et sur une quantité d'autres végétaux, dont elles dévorent les parties tendres des feuilles.

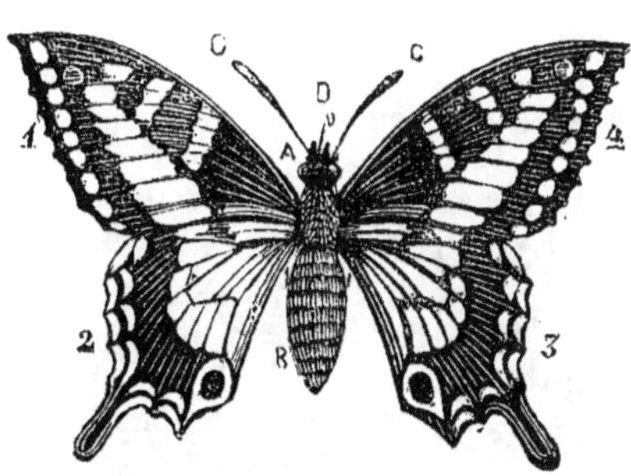

Fig. 93. — Papillon.

A, la tête avec deux gros yeux ; B, abdomen ; c c, antennes ; D, trompe ; 1 et 4, ailes supérieures ; 2 et 3, ailes inférieures.

Le jardinier vigilant doit procéder à l'*échenillage*, opération qui consiste à *détruire les chenilles*.

Certains *papillons* déposent leurs œufs, enduits d'une

matière gluante, autour des jeunes branches des arbres. Ces œufs, ainsi disposés en anneau, et de chacun desquels doit sortir une *chenille* malfaisante, demandent à être également détruits avec précaution.

Le gouvernement, soucieux des intérêts de l'*agriculture* et de l'*horticulture*, oblige chaque année les personnes qui ont des arbres fruitiers ou d'autres plantes, à détruire ces *ennemis acharnés* de nos cultures.

On devrait le faire sans que le gouvernement l'exigeât; mais bien des personnes négligeraient ce travail, cependant si utile : voilà pourquoi il y a une *loi qui rend l'échenillage obligatoire*. Cette opération se pratique généralement au printemps.

Certaines *chenilles*, et ce sont les plus faciles à détruire, s'enveloppent d'une toile qu'elles filent en commun. Pour les détruire, il suffit de couper les parties de branches qui portent ces sortes de nids, et de les brûler.

C'est surtout cet *échenillage* du printemps que la loi rend obligatoire pour les propriétaires d'arbres fruitiers et autres végétaux sur lesquels vivent ces *ravageurs*.

Le ver de terre

114. — A côté des *insectes ravageurs,* il convient de citer le *ver de terre* (fig. 94). Il ne mange point les végétaux; mais en creusant ses galeries étroites, il dérange les *semis* et déracine les jeunes plantes.

Les dégâts qu'il commet ressemblent un peu à ceux de la *courtilière*. Il faut aussi chercher à s'en débarrasser.

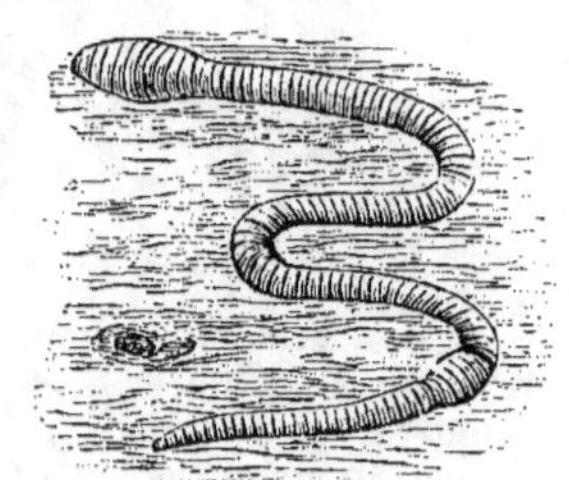

Fig. 94. — Ver de terre.

On s'y prend généralement mal pour détruire les

vers de terre. On a la mauvaise habitude, dans certains pays, de les couper par le milieu avec des ciseaux. Or, chaque moitié peut devenir un ver entier. Ainsi, au lieu de les détruire, on les multiplie.

Le plus pratique est de les écraser.

LES AUXILIAIRES DU JARDINIER.

115. — Nos *auxiliaires* sont beaucoup moins nombreux que nos *ennemis* ; aussi devons-nous avoir bien soin de les protéger, et surtout devons-nous bien nous garder de les détruire.

Détruire nos auxiliaires, c'est multiplier nos ennemis.

Autour de nos maisons, nous trouvons le *hérisson* qui se nourrit d'*insectes* et de *limaces* ; les *chauves-souris* (fig. 95) qui dévorent aussi beaucoup d'*insectes* ; la *taupe* qui mange des *vers* de toutes sortes, etc. Ainsi, le hérisson, les chauves-souris et la taupe sont des auxiliaires et des amis.

Les *taupes* sont parfois considérées comme des *animaux nuisibles*, car elles gâtent les prairies en amoncelant la terre qu'elles sortent de leurs galeries, mais en revanche elles détruisent beaucoup de *vers*, qui sont des animaux essentiellement nuisibles.

C'est au jardinier à *peser* leurs services et leurs dégâts, et à voir s'il doit les protéger ou les détruire.

On a tort en général, dans les campagnes de considérer la *taupe* comme un *ennemi* incapable de rendre aucun service.

Fig. 95. — Chauve-Souris (animal utile).

Il faut aussi laisser vivre en paix dans le jardin, les

lézards (fig. 96), les *tortues* (fig. 97), les *grenouilles* (fig. 98), la *rainette* (fig. 99) et les *crapauds* (fig. 100), qui détruisent des quantités d'insectes nuisibles.

FIG. 96. — Lézard (animal utile).

Le *crapaud* est sale et laid, mais cela ne lui ôte pas ses qualités. Il a droit à notre protection. C'est un des plus précieux *auxiliaires* du jardinier. Les Anglais le savent si bien qu'ils sont

FIG. 97. — Tortue (animal utile).

FIG. 98. — Grenouille (animal utile).

venus en acheter en France pour en peupler leurs jardins. Nous étions bien coupables de les leur vendre,

FIG. 99. — Rainette (animal utile).

FIG. 100. — Crapaud (animal utile).

8.

car nous agissions à peu près comme si nous avions acheté des *ravageurs* pour les mettre dans nos jardins.

Voyez jusqu'où peut conduire l'ignorance!

Insectes auxiliaires

116. — Les principaux *insectes utiles* sont le *carabe doré* (fig. 101), vulgairement appelé *jardinière*, à cause des services qu'il rend dans les jardins, et les *coccinelles*, bien connues sous le nom de *bêtes à bon Dieu.*

Les araignées

117. — *Les araignées* (fig. 102), qui se distinguent des insectes en ce qu'elles ont *huit pattes* au lieu de *six*, et qui sont toujours *dépourvues d'ailes*, doivent aussi être protégées.

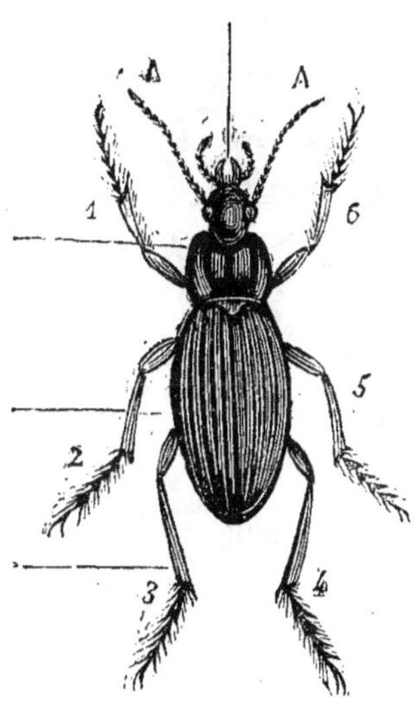

FIG. 101. — Carabe doré (insecte utile).

Si utiles que soient les araignées, je ne saurais cependant, chères amies, vous recommander de les laisser vivre tranquillement dans vos demeures, car elles y filent des toiles, y font leurs nids, et tout cela n'annonce pas la propreté de la ménagère quand on voit dans sa maison les toiles d'araignées en tapisser le plafond et les murs. Mais laissez-les vivre dans votre jardin où elles sont comme des gardiens des végétaux et n'ajoutez pas foi aux trois citations suivantes :

Araignée du matin, chagrin; araignée de midi, souci; araignée du soir, espoir.

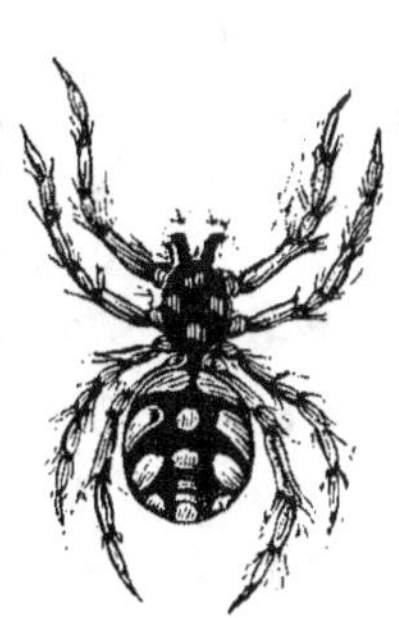

FIG. 102.— Araignée (animal utile).

Les oiseaux sont nos auxiliaires

118. — Les *oiseaux*, dont quelques-uns sont de véritables des bijoux de la nature, ne se contentent pas de nous charmer par la mélodie de leur chant pendant toute la belle saison; ils veillent encore sur nos récoltes, et sont pour l'homme de précieux *auxiliaires*.

On dit souvent que les oiseaux sont nuisibles. Plusieurs le sont, en effet, quelquefois, surtout ceux qui se nourrissent de graines et de fruits, comme le *moineau*, le *chardonneret*, la *linotte*, et d'autres encore; mais cependant bien des personnes les considèrent comme

Fig. 103. — Pic (animal utile).

des *auxiliaires*, et prétendent que leurs services dépassent leurs dégâts.

Un grand nombre d'*oiseaux* sont pour nous d'une utilité incontestable. Ce sont ceux qui se nourrissent d'*insectes* ou de *vers*, parmi lesquels il convient de citer le *merle*, la *grive*, la *bergeronnette*, le *rossignol*, la *fauvette*, la *mésange*, le *bouvreuil*, le *rouge-gorge*, le *roitelet*, l'*hirondelle*, l'*engoulevent*, le *grimpereau*, le *pic* (fig. 103), le *pinson*, le *verdier*, le *hibou*, l'*effraie* ou *orfraie*, et bien d'autres encore.

Tous ces amis de l'homme doivent être protégés, et leurs nids respectés.

La funeste habitude que l'on a à la campagne de *clouer* le *hibou* et l'*orfraie* sur la porte de la grange ou de l'écurie, est très blâmable : c'est même un crime.

Le *hibou* et l'*orfraie* ne sont pas, comme on se plaît

à le dire, des *oiseaux de mauvais augure*, mais bien de *précieux auxiliaires* qui détruisent les rats, les souris, les mulots et les campagnols.

Pour vous prouver l'*utilité* des *oiseaux*, et celle même du *moineau* (fig. 104) qui passe presque partout pour un *terrible ravageur*, je vais vous raconter une histoire qui vous intéressera assurément.

Il s'agit d'un roi qui déclara la guerre aux moineaux. Vainqueur de ses ennemis, il parut d'abord avoir remporté une grande victoire, mais finalement, il dut payer les frais de la guerre et se déclarer vaincu.

Ce roi, qui régnait en Prusse, résolut un jour de faire détruire tous les moineaux de son royaume sous prétexte qu'ils ravageaient les récoltes du pays, notamment les cerises.

On mit donc à prix les têtes de ces oiseaux, c'est-à-dire que pour chaque moineau tué, on donnait une certaine somme. Un grnd nombre de personnes firent alors une guerre terrible à ces pauvres petites bêtes. On détruisit tous les nids.

Au bout d'un certain temps, le grand roi se trouva débarrassé de ces hôtes incommodes. Tout lui semblait donc aller à merveille. Mais ce n'était pas fini.

FIG. 104. — Moineau.

Les moineaux détruits, les vers et les insectes de toutes sortes devinrent tellement nombreux que, les années suivantes, les récoltes furent complètement ravagées.

Il fallut donc chercher un remède à ce nouveau fléau. On ne trouva rien de mieux que de repeupler le pays de moineaux. Pour cela, on dut en acheter de tous les côtés, et payer des éleveurs.

Ainsi fut vaincu celui qui, tout d'abord, s'était cru vainqueur.

Gardons-nous bien de détruire nos auxiliaires.

Enfin, pour terminer, nous lirons la *Pétition* d'un moineau, adressée à Napoléon III, lorsqu'il était empereur.

Pétition d'un moineau franc (1)

A SA MAJESTÉ NAPOLÉON III, EMPEREUR DES FRANÇAIS.

119. — Sire,

Un de mes ancêtres, car nous datons de loin par les services que nous rendons à l'homme, écrivait au grand Frédéric, roi de Prusse :

Sire,

Trompé par de faux rapports, vous nous avez crus coupables et vous nous avez condamnés à la mort ou à l'exil. Mais voilà que vous avez moins qu'auparavant, je devrais dire voilà que vous n'avez plus du tout de ces belles cerises que vous aimez tant. Laissez-nous revenir sur ces vieux arbres qui nous sont chers, car ils ont été nos berceaux, et bientôt vos tables se couvriront de nouveau des fruits les plus savoureux.

Seulement, ne nous chicanez plus à propos de ceux auxquels nous goûterons. Considérez ce faible tribut comme le salaire légitime de *services* que nous allons vous rendre. Mieux vaut une bonne récolte, avec quelques centaines de cerises de moins, qu'une disette de fruits la plus absolue.

Si tel est aussi votre avis, dites un mot, Sire, et nous accourrons de notre aile la plus légère.

Un vieux moineau exilé.

(1) *Tous les oiseaux sont utiles.* Librairie agricole de la Maison Rustique.

L'histoire rapporte, Votre Majesté le sait, que Frédéric, frappé des désastres causés par une loi qui nous condamnait si injustement, s'empressa de rappeler près de lui ma famille.

Puissé-je être aussi heureux que mon arrière-grand-père ! Nous sommes maudits, traqués partout, des sociétés s'organisent contre nos grands frères des bois et des champs, et certains de vos préfets, Sire, votent contre nous tous la loi de mort.

Accordez-nous, Sire, ce droit de vivre que nous tenons du Créateur, et, en échange de la vie, nous vous donnerons la richesse.

Un moineau franc.

Comptes de la Maîtresse de maison

> La science de l'économie rurale consiste à faire beaucoup avec peu.
>
> SCHWERTZ.

> O toi qui tiens ménage,
> Retiens bien ma leçon :
> Répare un dommage
> Enrichis ta maison,
> Mais dépense inutile, petite et journa- [lière,
> Tout doucement te mène à la misère.
>
> François de NEUFCHATEAU.

120. — Si la maîtresse de maison n'inscrit pas ses *Recettes*, c'est-à-dire ce qu'elle reçoit pour les marchandises qu'elle vend, puis ses *Dépenses*, c'est-à-dire ce qu'elle sort de sa bourse pour payer ce qu'elle achète, soit des habits, soit d'autres objets, il lui est impossible de savoir, à un moment donné, à la fin de l'année par exemple, si elle a du bénéfice ou de la perte.

Elle ignore donc si elle s'enrichit ou s'appauvrit.

Mais encore, saurait-elle si elle va vers la fortune ou vers la ruine, qu'il lui serait encore impossible d'améliorer sa situation, si elle ne savait pas ce qui lui donne le plus de bénéfice ou ce qui lui cause le plus de perte.

Quand elle a obtenu pour 50 francs des poules qui valent 75 francs, elle se trouve avoir un bénéfice de 75 moins 50 ou 25 francs.

Il y donc eu bénéfice sur les poules.

Si dans l'année elle a dépensé 40 francs pour des lapins qui n'en ont valu que 30, il y a donc eu une perte de 40 moins 30, soit 10 francs.

Ce n'est qu'en tenant une *comptabilité*, des *comptes des recettes et des dépenses,* que l'on voit bien au juste ce qui donne de la perte ou du bénéfice.

On s'occupe alors plus spécialement de ce qui rapporte le plus, et l'on abandonne même les entreprises sur lesquelles on perd.

Il en est ainsi pour toutes choses, pour le jardin comme pour la basse-cour et le reste.

Ainsi, la maîtresse de maison qui aura inscrit sur un cahier spécial toutes ses *dépenses* et toutes ses *recettes,* connaîtra toujours l'état de sa fortune, de son avoir.

On doit donc tenir une *comptabilité,* mais une comptabilité simple.

Il est nécessaire, et même indispensable, dans certains cas, d'avoir sur soi un *carnet*, dit *carnet de poche,* pour y incrire les recettes et les dépenses au fur et à mesure qu'elles ont lieu, soit en foire, soit ailleurs.

Autrement on risquerait fort d'oublier de marquer certaines choses : alors les comptes ne seraient plus justes.

Voici un modèle du *carnet de poche.*

DÉPENSES		RECETTES	
1er *Janvier* 189 .	F. C.	1er *Janvier* 189 .	F. C.
Pain.............	0,60	Œufs	3,40
Gages à la domes-tique...........	35 »	3 poules.........	14 »
Poisson...........	2,35		17,40
	37,95		
2 *Janvier*		2 *Janvier*	
Viande de boucherie.	8,50	Porc............	54 »
Épicerie..........	0,60	1 lapin..........	2,20
Son pour la basse-cour..........	8 »	1 boisseau de pru-neaux..........	4 »
		Œufs	0,80

A la fin de la journée, on porte la matière du carnet
sur un cahier, un *livre* appelé *journal*, parce qu'on y
inscrit chaque jour ses recettes et ses dépenses.

Autrement dit le *journal* indique, jour par jour,
toutes les opérations qu'on a faites dans le mois, dans
l'année, toutes les dépenses, toutes les recettes.

En voici un modèle simple :

DATES	MOIS DE JANVIER 189 .	RECETTES	DÉPENSES
		FR. C.	FR. C.
	En caisse.....	500,70	
1	Nourriture................		12,50
	Gages à la bonne...........		35 »
2	Payé pour assurance........		7,80
	Nourriture................		8,40
	Reçu pour vente de 2 porcs....	78 »	
		578,70	63,70
		63,70	
	En caisse.....	515 »	

Nous avons supposé toutes les opérations du mois de janvier faites. Il y a 515 francs en caisse à la fin du mois.

On peut aussi tenir un *journal de notes*, sur lequel on inscrit, jour par jour, les opérations et les travaux de chaque jour.

En voici un modèle.

Juin 189 .	
1er	Biné 3 carrés de choux.
	Sorti 12 brouettées de fumier pour le jardin.
2	Bêché 6 planches du jardin.
	Planté 2 ares de pommes de terre.

On peut même tenir un compte spécial pour le *Jardin*, que l'on dispose de la manière suivante :

DATES	DÉTAILS DE LA DÉPENSE OU DES PRODUITS	SOMMES	
		Dépenses	Recettes
18 mai	Vendu 3 sacs de pommes de terre.		9 40
	Vendu 4 boisseaux de haricots. . .		2 »
	Acheté des plants de choux.	2 25	
24 mai	. . . .		

Pour nous résumer, nous dirons que la maîtresse de maison doit tenir des comptes aussi simples qu'il est possible de le faire. Elle peut le faire de la manière qui lui conviendra le mieux ; mais il ne faut pas que la comptabilité l'induise en erreur, qu'elle lui indique des bénéfices où il y a des pertes.

CALENDRIER DU JARDINAGE

I. — Potager

Mois de Janvier

121. — Bêcher quand le sol n'est pas trop humide. — Fumer les carrés de légumes. — Ouvrir les fosses pour y planter des griffes d'asperges en mars-avril. — Semer à la fin du mois le long d'un mur, au midi, des fèves et des oignons. — Semer sur couche la carotte *courte hâtive*. — S'il pleut beaucoup, dégarnir les pieds d'artichauts pour qu'ils ne pourrissent pas; les recouvrir si l'on craint la gelée. — Semer cresson alénois, pourpier, chicorée d'été. — Semer sur couche, des pois et des haricots pour récolter en vert. — Semer dans des pots ou sur couche les melons cantaloups, les concombres et les tomates. — Vers la fin du mois, planter des pommes de terre hâtives, comme marjolin et comice d'Amiens. — Défoncer ce qui n'a pas encore été défoncé. — Mettre en billons les terres argileuses pour que le froid les ameublisse.

Mois de Février

Labourer les carrés et continuer les travaux commencés en janvier. — Semer des poireaux, laitues, chicorée sauvage, épinards, cresson alénois, persil, cerfeuil, pimprenelle, oseille, panais, carottes. — Planter l'ail et les échalotes. — Semer deux fois, de quinze jours en quinze jours, sur couche, des haricots et des pois nains pour récolter en vert. — Semer en pleine terre des pois hâtifs (Michaux et prince Albert...), fèves de marais, lentilles, choux cabus, choux de Milan, oignons blancs. — Planter pommes de terre marjolin et comice d'Amiens. — Semer radis tous les huit jours. — Repiquer à demeure sur couche : concombres, melons, laitues, romaines, choux-fleurs. — Découvrir les artichauts le jour, les recouvrir la nuit. — Récolter les choux de Bruxelles et les champignons de couche.

Mois de Mars

Continuer les semis de février. — Semer en pleine terre : betteraves, radis, chicorée, pois mange-tout. — Semer en pépinière, au midi : choux d'York, choux de Milan, choux-raves. — Planter ail, échalote, oseille, pommes de terre hâtives, griffes d'asperges. — Déchausser les artichauts, mais les couvrir si le froid se fait sentir. — Arroser beaucoup si le temps est sec. — Repiquer sur couche légère les tomates semées en janvier et février. — Biner, fumer, et recharger de terre les planches d'asperges, et mettre un peu de sel avec le fumier. — Biner, arroser et fumer en couverture les choux d'York et les cœurs-de-bœuf pour les avancer. — Semer en pleine terre : pois à rames, fèves de marais, carottes et les autres légumes de pleine terre, sauf les haricots. — Butter les fèves semées en février. — Mettre en place les porte-graines de : oignons, céleri, navet, carotte, betterave et autres plantes bisannuelles. — Arroser souvent les choux-fleurs remis en pleine terre.

Mois d'Avril

Arroser le matin et dans la journée si le temps n'est pas au froid. — Continuer en pleine terre les semis du mois précédent. — Semer sur couche : céleri, chicorée d'été. — Semer en place des asperges. — Œilletonner les pieds d'artichauts. — Semer sur couche : giraumons, courges, citrouilles. — Semer en place des cornichons.

Mois de Mai

Binages et sarclages. — Arroser abondamment. — Continuer les semis de mars et avril, et en pleine terre. — Semer : choux-fleurs, brocolis, pourpier. — Transplanter : choux de toutes espèces, laitues, romaines, chicorée. — Semer melons en place sur fumier à l'abri et sous cloche. — Pincer fèves en fleur. — Semer pois et haricots. — Arroser abondamment les artichauts, et les fraisiers des quatre saisons à l'approche de l'orage. — Planter ciboule et poireau. — Transplanter les tomates.

Mois de Juin

Semis de pois et continuer semis de mai. — Semer pour repiquer en automne : des choux, de la scarole, de la chicorée, etc. — Arroser continuellement. — Mettre en place choux et salades semés en pépinière au printemps. — Enlever aux fraisiers les coulants inutiles. — Récolter les artichauts et couper au ras du sol les tiges épuisées. — Tailler les melons et les arroser abondamment plusieurs fois par jour. — Arroser les fraisiers. — Pincer les tomates au-dessus des jeunes fruits, et les sommités des choux et des navets porte-graines.

Mois de Juillet

Arracher ail et échalote. — Semer oignons et poireaux. — Tordre les tiges des oignons à conserver en hiver. — Semer pois tardifs. — Repiquer plants de choux. — Arroser légèrement les melons. — Rajeunir les vieilles plantations de fraisiers avec des plants de coulants en changeant les pieds de place. — Récolter pommes de terre hâtives. — Butter le céleri long; arroser abondamment le céleri-rave. — Lier chicorée et scarole par un temps sec. — Récolter les graines mûres. — Pincer les pousses gourmandes des tomates. — Arroser les citrouilles deux fois par jour et abondamment. — Commencer à récolter les cornichons.

Mois d'Août

Tailler les tiges de citrouilles, courges et giraumons au-dessus du fruit. — Arroser ces mêmes plants abondamment matin et soir, ainsi que les cornichons. — Récolter les cornichons jour par jour. — Repiquer les plants de fraisier. — Semer : haricots, chicorée frisée, laitues d'hiver, carottes, navets, épinards. — Soigner porte-graines ; récolter graines mûres et les soigner. — Semer pour l'hiver ou l'année suivante : oignons blancs, salsifis, scorzonère, poireaux, choux d'York, choux pain-de-sucre, laitue de la passion, épinards, cerfeuil, navets, carottes, mâches.

Mois de Septembre

Dès les premiers jours, semer radis, haricots. — Semer choux rouges, choux-fleurs, laitues, scaroles, mâche, épinards, pimprenelle. — Récolte des graines. — Rentrer dans un local un peu frais, mais bien aéré : citrouilles, courges et giraumonts mûrs. — Transplanter les fraisiers repiqués en août. — Récolter les derniers melons et faire mûrir dans la courte-paille ceux qui ne sont pas suffisamment mûrs. — Butter le céleri. — Préparer les silos pour conserver les légumes d'hiver. — Planter : poireaux, choux rouges, choux de Bruxelles. — Labourer et fumer au besoin les carrés libres.

Mois d'Octobre

Semer : cerfeuil, mâche, épinard, laitue gotte, romaine hâtive. — Couper les tiges d'asperges et en récolter les baies. — Œilletonner les artichauts. — Planter les griffes d'asperges sur les sols légers et secs, et leur donner une bonne couverture de fumier long. — Transplanter les choux de printemps et les laitues d'hiver. — Continuer à faire blanchir : céleri, scarole, chicorée, cardon. — Planter poireau.

Mois de Novembre

Renouveler les bordures d'oseille. — Récolter : choux de Bruxelles et les derniers choux-fleurs. — Butter les artichauts et le céleri. — Continuer la plantation et la fumure des asperges. — Semer mâche. — Semer au midi, à l'abri, des pois précoces, des carottes courtes et des panais. — Mettre en cave, cellier ou tranchées qu'on recouvre de châssis : céleri, choux-fleurs et artichauts. — Labourer et fumer les carrés libres. — Mettre en jauge : choux pommés et de Milan, et les abriter des gelées. — Garnir de feuilles ou de paille : céleri, artichauts, chicorée, et navets laissés en place.

Mois de Décembre

Semer pois, fèves, carottes et laitue. — Sarcler les allées, les carrés vides et autres pour ne pas laisser grainer le pâturin et le seneçon qui fleurissent toute l'année. —

Bêcher quand le temps le permet et défoncer. — Donner de l'air pendant le jour aux caves ou celliers où sont conservés les légumes pour la provision d'hiver.

II. — Jardin fruitier

Mois de Janvier

122. — Continuer les plantations des mois précédents. — Tailler, mais non par un temps de gelée. — Continuer les défoncements qui doivent être plus profonds que pour les plantes herbacées, et enlever les anciennes racines et le bois pourri. — Enlever la mousse et les lichens des troncs des vieux arbres qu'on lave ensuite à l'eau de chaux ou de savon. — Quand il ne gèle pas, commencer à tailler les arbres fruitiers à floraison précoce : pommiers et poiriers faibles, cerisiers, mais non le pêcher. — Couper les rameaux destinés à faire des boutures, les couper en tronçons munis de 3 à 5 yeux, les réunir en bottes, les mettre en jauge jusqu'au moment de leur plantation (en février ou mars) dans un sol léger et frais, à l'abri.

Mois de Février.

Planter les arbres fruitiers, mais se bien garder de planter en temps de gelée ni immédiatement après un dégel. — Labourer et fumer avec de l'engrais bien consommé au pied des arbres languissants. — Continuer la taille des pommiers, poiriers et des arbres à fruits à noyau. — Mettre en jauge ou en pépinière, si l'on n'a pu le faire plus tôt, les branches destinées pour greffons et boutures. — Labourer partout où il sera possible vers la fin du mois. — Tailler la vigne, provigner et planter les boutures faites des années précédentes. — Arroser abondamment avec l'urine de bestiaux le pied des treilles stériles. — Semer des graines d'arbres.

Mois de Mars.

Achever de planter et de tailler les arbres fruitiers, et ne pas laisser de bourgeons à fleurs aux arbres plantés depuis un ou deux ans seulement. — Continuer à planter et à provigner la vigne. — Mettre en pépinière les boutures de groseilliers. — Faire des boutures en pleine terre et greffer en fente. — Abriter au besoin les espaliers de pêchers et d'abricotiers. — Semer les graines d'arbres.

Mois d'Avril.

Achever la taille des pêchers poiriers et autres arbres vigoureux. — Terminer les semis de graines d'arbres. — Echeniller avec soin. — Greffer en fente. — Ebourgeonner les poiriers.

Mois de Mai.

Ebourgeonner avec soin. — Supprimer dès qu'elles se montrent, les pousses situées au-dessous de la greffe. — Greffer en écusson ou en sifflet. — Supprimer des fruits quand il y en a de trop. — Maintenir, par des pincements, l'équilibre des arbres taillés. — Arroser le pied des arbres plantés dans l'année.

Mois de Juin.

Supprimer les bourgeons inutiles. — Arroser le pied des arbres plantés dans l'année. — Greffer en écusson. — Pincer et ébourgeonner les arbres fruitiers et les bien conduire. — Biner, lier, palisser et ébourgeonner la vigne. — Sarcler, biner et ratisser partout. — Enlever les fruits qui sont en trop.

Mois de Juillet.

Greffer en écusson. — Enlever ou tout au moins desserrer les ligatures des greffes du premier moment. — Supprimer les pousses du sujet qui peuvent nuire aux greffons. — Eclaircir avec des ciseaux les grappes de raisins trop serrées. — Visiter les arbres pour en maintenir l'équilibre. — Enlever avec prudence les feuilles de pêcher qui empêchent les rayons du soleil d'arriver jusqu'aux fruits. — Quand la terre est trop sèche, arroser au pied les arbres vieux ou languissants. — Faire la chasse aux animaux nuisibles, limaces et autres.

Mois d'Août.

Pincer, ébourgeonner et palisser. — Greffer en écusson. — Enlever les feuilles de pêchers qui gênent la coloration du fruit. — Détruire les insectes nuisibles. — Semer des noyaux nouveaux de cerises, pêches, abricots et prunes. — Préparer le terrain des semis en pépinière. — Arroser au pied des espaliers. — Étendre de la paille sous les espaliers pour recevoir les fruits qui tombent. — Enlever quelques feuilles aux vignes à raisins très précoces.

Mois de Septembre.

Enlever les *gourmands* des espaliers. — Epamprer la vigne. — Envelopper de sacs en papier ou en crin les plus belles grappes de raisins. — Récolter et sécher : prunes, figues.

Mois d'Octobre.

Semer pépins et noyaux. — Récolter un à un avec soin, par un temps bien sec, les fruits à pépins, et les soigner autant qu'il est possible.

Mois de Novembre.

Commencer à planter les arbres fruitiers. — Défoncer les terres neuves. — Vers la fin du mois, commencer la taille des arbres fruitiers, d'abord les plus âgés et les premiers dépouillés de leurs feuilles. — Couper les grosses branches nuisibles ou mal placées, et mettre immédiatement sur la plaie un enduit, de l'onguent de Saint-Fiacre, par exemple, pour les préserver des intempéries.

Mois de Décembre.

Continuer les plantations et la taille des arbres fruitiers. — Rechercher les nids de chenilles et les chapelets d'œufs de papillons sur les jeunes branches.

III. — Tableau indiquant l'époque du Semis, du Repiquage, et de la Transplantation des légumes (1).

123. — *Explications du tableau.* — Ce tableau comprend 13 colonnes qui se comptent de gauche à droite.

La première colonne contient le nom des légumes classés par ordre alphabétique.

Les 12 colonnes suivantes correspondent aux 12 mois de l'année; elles contiennent l'indication des époques du semis, du repiquage et de la transplantation.

Chacune de ces 12 colonnes correspondant aux 12 mois de l'année. Les colonnes de mars, avril, mai, juin, juillet et août, sont divisées en 2 pour diviser le mois en deux quinzaines.

Quand une lettre est placée au milieu de la colonne en janvier, février, septembre, octobre, novembre et décembre, elle indique que l'opération peut être faite tout le mois.

Voici les signes employés dans ce tableau : $S — pp — P — S^2 — P^2$.

S) indique l'époque des semis;

pp) indique l'époque du repiquage;

P) indique l'époque de la transplantation;

S^2) indique qu'un semis peut être tenté à l'époque indiquée, mais qu'il a moins de chance de réussite que ceux indiqués par S, ou qu'il peut être fait en supplément;

P^2) indique qu'une plantation peut être tentée à l'époque marquée;

Plusieurs S de suite indiquent que le semis doit être fait en plusieurs fois, et en petite quantité, pour avoir une récolte continue, soit avec une même espèce de légume, soit avec une autre espèce.

____

(1) Ce tableau a été imité d'un tableau bien plus complet dû à M. Émile Maussenet, instituteur dans la Marne, maître zélé et de grand mérite.

ÉPOQUES DES ENSEMENCEMENTS

NOMS DES PRINCIPAUX LÉGUMES (Rangés par ordre alphabétique)	Janv 1	Janv 2	Févr 1	Févr 2	Mars 1	Mars 2	Avril 1	Avril 2	Mai 1	Mai 2	Juin 1	Juin 2	Juillet 1	Juillet 2	Août 1	Août 2	Sept 1	Sept 2	Octob 1	Octob 2	Nov 1	Nov 2	Déc 1	Déc 2
Ail ordinaire	»	»	»	P	P^2	P^2	»	»	»	»	»	»	»	»	»	»	»	»	P^2	»	»	»	»	»
Arroche ou belle-dame	»	»	»	»	»	S^2	S	»	»	»	»	»	»	»	»	»	»	»	»	»	»	»	»	»
Artichaut	»	»	»	»	»	»	»	P^2	P	»	P	»	»	»	»	»	»	»	»	»	»	»	»	»
Asperge	»	»	»	»	P	P	P	P^2	»	»	»	»	»	»	»	»	»	»	»	»	»	»	»	»
Betterave	»	»	»	»	»	»	S	S	S	»	»	»	»	»	»	»	»	»	»	»	»	»	»	»
Capucine	»	»	»	»	»	»	S	S	»	»	»	»	»	»	»	»	»	»	»	»	»	»	»	»
Cardon	»	»	»	»	»	»	»	»	S	»	»	»	»	»	»	»	»	»	»	»	»	»	»	»
Carotte rouge, courte hâtive	»	»	»	»	S	S	»	»	S^2	»	S^2	S^2	»	»	S	»	»	»	»	»	»	»	»	»
Carotte demi-longue obtuse	»	»	»	»	»	»	S	S	S	»	»	»	»	»	»	»	»	»	»	»	»	»	»	»
Carotte rouge longue	»	»	»	»	»	»	»	S	S	»	»	»	»	»	»	»	»	»	»	»	»	»	»	»
Céleri long	»	»	»	»	S^2	»	S	»	S^2	pp	»	P	»	»	»	»	»	»	»	»	»	»	»	»
Céleri-rave	»	»	»	»	»	S^2	S	»	pp	»	P	»	»	»	»	»	»	»	»	»	»	»	»	»
Cerfeuil, saison d'été	»	»	»	»	»	S	S	S	S	S	S	S	»	»	»	»	»	»	»	»	»	»	»	»
Cerfeuil, saison d'hiver	»	»	»	»	»	»	»	»	»	»	»	»	»	»	S^2	S	S	S^2	»	»	»	»	»	»

NOMS DES PRINCIPAUX LÉGUMES (Rangés par ordre alphabétique)	Janv 1	Janv 2	Févr 1	Févr 2	Mars 1	Mars 2	Avril 1	Avril 2	Mai 1	Mai 2	Juin 1	Juin 2	Juillet 1	Juillet 2	Août 1	Août 2	Sept 1	Sept 2	Octob 1	Octob 2	Nov 1	Nov 2	Déc 1	Déc 2
Cerfeuil tubéreux	»	»	»	»	»	»	»	»	»	»	»	S	S	»	»	»	»	»	»	»	»	»	»	»
Chicorée de Meaux	»	»	»	»	»	»	»	»	»	»	»	S	S	SP	P	P	»	»	»	»	»	»	»	»
Chicorée rouennaise	»	»	»	»	»	»	»	»	»	»	»	S	S	SP	P	P	»	»	»	»	»	»	»	»
Chicorée scarole ronde ou vert	»	»	»	»	»	»	»	»	»	»	»	S	S	SP	P	P	»	»	»	»	»	»	»	»
Chicorée scarole blonde	»	»	»	»	»	»	»	»	»	»	»	S	S	SP	P	»	»	»	»	»	»	»	»	»
Chicorée sauvage	»	»	»	S	S	S^2	»	P^2	»	»	»	»	»	»	»	»	»	»	»	»	»	»	»	»
Chou d'York, petit	»	»	»	P	P	P	»	»	»	»	»	»	»	»	»	S^2	S	»	PP	»	P^2	»	»	»
Chou cœur-de-bœuf, gros	»	»	»	P	»	»	»	»	»	»	»	»	»	»	»	»	»	S	PP	P	»	»	»	»
Chou de Milan, hâtif	»	»	»	»	S^2	S	S^2	pp	S^2	P	»	»	»	»	»	»	»	»	»	»	»	»	»	»
Chou de Brunswich	»	»	»	»	S^2	S	S^2	pp	»	P	»	»	»	»	»	»	»	»	»	»	»	»	»	»
Chou de Saint-Denis	»	»	»	»	»	»	S	»	pp	S	pp	P	»	P	»	»	»	»	»	»	»	»	»	»
Chou gros des Vertus	»	»	»	»	»	»	»	»	S	»	pp	P	»	P	»	»	»	»	»	»	»	»	»	»
Chou de Norwége	»	»	»	»	»	»	»	»	»	S	»	pp	P	»	»	»	»	»	»	»	»	»	»	»
Chou rouge	»	»	»	»	»	»	»	»	S	»	pp	»	P	»	»	»	»	»	»	»	»	»	»	»
Chou de Bruxelles	»	»	»	»	»	»	»	»	S	»	SP	»	pp	»	P	»	»	»	»	»	»	»	»	»
Chou-fleur d'automne	»	»	»	»	»	»	»	»	»	S	pp	P	»	»	»	»	»	»	»	P^2	»	»	»	»
Ciboule vivace	»	»	»	»	P	»	»	»	»	»	»	»	»	»	»	»	»	»	»	»	»	»	»	»
Ciboulette ou civette	»	»	»	»	»	P	»	»	»	»	»	»	»	»	»	»	»	»	»	»	»	»	»	»
Concombre	»	»	»	»	»	»	»	S^2	S	»	»	»	»	»	»	»	»	»	»	»	»	»	»	»
Cornichon vert petit	»	»	»	»	»	»	»	S^2	S	»	»	»	»	»	»	»	»	»	»	»	»	»	»	»

ÉPOQUES DES ENSEMENCEMENTS

NOMS DES PRINCIPAUX LÉGUMES (Rangés par ordre alphabétique)	Janv. 1	Janv. 2	Fév. 1	Fév. 2	Mars 1	Mars 2	Avril 1	Avril 2	Mai 1	Mai 2	Juin 1	Juin 2	Juillet 1	Juillet 2	Août 1	Août 2	Sept. 1	Sept. 2	Octob. 1	Octob. 2	Nov. 1	Nov. 2	Déc. 1	Déc. 2
Crambe	»	»	P	»	S²	»	»	»	»	»	»	»	»	»	»	»	»	»	»	»	»	»	»	»
Cresson alénois	»	»	»	»	»	»	S	S	S	S	S	S	S	S	S	»	»	»	»	»	»	»	»	»
Cresson vivace	»	»	»	»	»	»	S	S	S	»	»	»	»	»	»	»	»	»	»	»	»	»	»	»
Cresson de fontaine	»	»	»	»	S	»	S²	»	S²	»	S²	»	»	»	S²	»	»	»	»	»	»	»	»	»
Échalote	»	»	»	»	P	»	»	»	»	»	»	»	»	»	»	»	»	»	P²	»	»	»	»	»
Épinard de Hollande	»	»	»	»	»	»	»	»	»	»	»	»	»	»	S	S	»	»	»	»	»	»	»	»
Épinard d'été, d'Angleterre	»	»	»	»	S	»	»	»	»	»	»	»	»	»	»	»	»	»	»	»	»	»	»	»
Estragon	»	»	»	»	»	P	»	S²	»	»	»	»	»	»	»	»	»	»	»	»	»	»	»	»
Fève de marais, grosse	»	»	S	S	S	S	S	»	»	»	»	»	»	»	»	»	»	»	»	»	»	»	»	»
Haricot hâtif de Belgique	»	»	»	»	»	»	»	»	S	S	S	S	S	»	»	»	»	»	»	»	»	»	»	»
Haricot de Bagnolet	»	»	»	»	»	»	»	»	»	S	S	S	S	»	»	»	»	»	»	»	»	»	»	»
Haricot d'Alger	»	»	»	»	»	»	»	»	»	»	S	»	»	»	»	»	»	»	»	»	»	»	»	»
Haricot flageolet blanc	»	»	»	»	»	»	»	»	»	»	S	S	»	»	»	»	»	»	»	»	»	»	»	»
Haricot Soissons, grain vert	»	»	»	»	»	»	»	»	»	»	S	»	»	»	»	»	»	»	»	»	»	»	»	»
Haricot Sabre, grain vert	»	»	»	»	»	»	»	»	»	S	»	»	»	»	»	»	»	»	»	»	»	»	»	»
Haricot flageolet	»	»	»	»	»	»	»	»	»	S	»	»	»	»	»	»	»	»	»	»	»	»	»	»
Haricot Soissons, grains secs	»	»	»	»	»	»	»	»	»	»	S	»	»	»	»	»	»	»	»	»	»	»	»	»
Haricot Sabre, grains secs	»	»	»	»	»	»	»	»	»	»	S	»	»	»	»	»	»	»	»	»	»	»	»	»
Fraises remontantes des quatre saisons	»	»	»	»	P	»	»	»	»	»	»	»	S²	»	PP	»	»	»	»	»	»	»	»	»
Fraises remontantes, Gaillon	»	»	»	»	»	P	»	»	»	»	»	»	S²	»	»	»	»	»	»	»	»	»	»	»
Fraises non remontantes	»	»	»	»	»	P	»	»	»	»	»	S²	»	»	»	»	»	»	»	»	»	»	»	»
Laitue printanière, Gotte	»	»	S²	S	P²	P	»	»	»	»	»	»	»	»	»	»	»	»	»	»	»	»	»	»
Laitue d'été, grosse brune	»	»	S²	S	»	SP	»	P	»	»	»	»	»	»	»	»	»	»	»	»	»	»	»	»
Laitue d'été, Palatine	»	»	S²	S	»	SP	»	SP	»	P	»	»	»	»	»	»	»	»	»	»	»	»	»	»
Laitue d'été, Batavia blonde	»	»	»	»	S	»	SP	»	P	»	»	»	»	»	»	»	»	»	»	»	»	»	»	»
Laitue d'été, turque	»	»	»	»	»	»	»	»	»	»	»	»	»	»	»	S	»	»	»	»	P	»	»	»
Laitue d'hiver, de la Passion	»	»	»	»	»	»	»	»	»	»	»	»	»	»	»	»	S	»	»	»	P	»	»	»
Laitue Morin	»	»	S²	S	SP	P	»	»	»	»	»	»	»	»	»	»	»	»	»	»	»	»	»	»
Laitue romaine, verte	»	»	»	»	»	»	»	»	»	»	»	»	»	»	»	»	»	S	»	»	P	»	»	»
Laitue romaine d'hiver, verte	»	»	»	»	»	S	»	SP	»	P	»	»	»	»	»	»	»	»	»	»	»	»	»	»
Laitue romaine, blonde maraîchère	»	»	»	»	S²	»	»	»	»	»	»	»	»	»	»	»	»	S	»	»	»	»	»	»
Lentille	»	»	»	»	»	»	»	»	»	»	»	»	»	»	»	»	»	»	S	S	»	»	S	»
Mâche à feuille ronde	»	»	»	»	»	»	»	»	»	»	»	»	»	»	»	»	S	S	»	»	S	»	»	»
Melon	»	»	»	»	»	S	»	pp	»	P	»	»	»	»	»	»	»	»	»	»	»	»	»	»

ÉPOQUES DES ENSEMENCEMENTS

NOMS DES PRINCIPAUX LÉGUMES (Rangés par ordre alphabétique)	Janv. 1	Janv. 2	Fév. 1	Fév. 2	Mars 1	Mars 2	Avril 1	Avril 2	Mai 1	Mai 2	Juin 1	Juin 2	Juillet 1	Juillet 2	Août 1	Août 2	Sept. 1	Sept. 2	Octob. 1	Octob. 2	Nov. 1	Nov. 2	Déc. 1	Déc. 2
Navot	»	»	»	»	»	»	»	S²	»	»	»	S²	S²	S	»	»	»	»	»	»	»	»	»	»
Oignon d'été, blanc	»	»	»	»	»	»	»	»	»	»	»	»	»	»	»	S	S²	»	P	»	»	»	»	»
Oignon d'été, jaune (grenons)	»	»	»	»	P	»	»	»	»	»	»	»	»	»	»	»	»	»	»	»	»	»	»	»
Oignon d'hiver, jaune des Vertus	»	»	»	»	S	»	»	»	»	»	»	»	»	»	»	»	»	»	»	»	»	»	»	»
Oseille de Belleville	»	»	»	»	»	P²	S	»	»	»	»	P	»	»	S²	P²	»	»	»	»	»	»	»	»
Panais long	»	»	»	»	»	»	S	»	»	»	»	»	»	»	»	»	»	»	»	»	»	»	»	»
Persil	»	»	»	»	S	S²	S²	»	»	»	»	»	S²	»	»	»	»	»	»	»	»	»	»	»
Pissenlit	»	»	»	»	»	»	»	»	S	S	S	P	P	»	»	»	»	»	»	»	»	»	»	»
Poireau d'hiver	»	»	»	»	S	S²	»	P	»	»	»	»	»	»	»	»	»	»	»	»	»	»	»	»
Poirée à carde	»	»	»	»	»	»	S	»	P	»	»	»	»	»	»	»	»	»	»	»	»	»	»	»
Pois nain ordinaire	»	»	S	»	S	S	S	»	»	»	»	»	»	»	»	»	»	»	»	»	»	»	»	»
Pois à rames, Michaux	»	»	S	»	S	S	S	»	»	»	»	»	»	»	»	»	»	»	»	»	»	»	»	»
Pois à rames, de Clamart	»	»	S	»	S	S	S	S	»	»	»	»	»	»	»	»	»	»	»	»	»	S²	»	»
Pois ridé de Knigth, sucré	»	»	S	»	S	S	S	S	S	S	S	»	»	»	»	»	»	»	»	»	»	»	»	»
Pois verts pour conserves	»	»	S	»	»	»	»	»	»	»	»	»	»	»	»	»	»	»	S	»	»	»	»	»
Pois secs	»	»	S²	»	»	»	»	»	»	»	»	»	»	»	»	»	»	»	»	»	»	»	»	»
Pomme de terre Marjolin	»	»	»	P	P	P	»	»	»	»	»	»	»	»	»	»	»	»	»	»	»	»	»	»
Pomme de terre Early Rose	»	»	»	P	P	P	»	»	»	»	»	»	»	»	»	»	»	»	»	»	»	»	»	»
Pomme de terre Hollande	»	»	»	P	»	P²	»	»	»	»	»	»	»	»	»	»	»	»	»	»	»	»	»	»
Pomme de terre Vitelotte	»	»	»	P	»	P²	»	»	»	»	»	»	»	»	»	»	»	»	»	»	»	»	»	»
Pomme de terre farineuse rouge	»	»	»	»	»	»	P	»	»	»	»	»	»	»	»	»	»	»	»	»	»	»	»	»
Potiron Courge	»	»	»	»	»	S²	»	S	»	»	»	»	»	»	»	»	»	»	»	»	»	»	»	»
Pourpier doré	»	»	»	»	»	»	»	S	S	S	S	S	S	S	»	»	S	»	»	»	»	»	»	»
Radis rose	»	»	»	S	S	S	S	S	S	S	»	»	»	»	»	»	»	»	»	»	»	»	»	»
Radis jaune d'été	»	»	»	»	»	»	»	»	»	S	S	»	»	»	»	»	»	»	»	»	»	»	»	»
Radis noir	»	»	»	»	»	»	»	»	»	»	»	S	S²	»	»	»	»	»	»	»	»	»	»	»
Raifort sauvage	»	»	»	»	P	»	»	»	»	»	»	»	»	»	»	»	»	»	»	»	»	»	»	»
Rhubarbe	»	»	»	»	S²	S²	»	»	»	»	»	»	»	»	»	»	»	»	»	»	»	»	»	»
Salsifis noir	»	»	»	»	»	»	S²	»	»	»	»	»	S²	»	»	»	»	»	»	»	»	»	»	»
Tétragone	»	»	»	»	»	»	S²	»	»	»	»	»	»	»	»	»	»	»	S	»	»	»	»	»
Thym	»	»	»	»	»	»	P	»	»	»	»	»	»	»	»	»	»	»	»	»	»	»	»	»
Tomate rouge	»	»	S	»	»	»	pp	»	»	»	P	»	»	»	»	»	»	»	»	»	»	»	»	»

TABLE DES MATIÈRES

SAINT-DENIS. — IMPRIMERIE BOUILLANT, 20, RUE DE PARIS.

www.ingramcontent.com/pod-product-compliance
Lightning Source LLC
LaVergne TN
LVHW020646200726
843508LV00002B/675